Chowa

Primera edición en este formato: enero de 2025
Título original: *The Power of Chōwa*

© Akemi Tanaka, 2019
© de la traducción, Laura Pizarro, 2020
© de esta edición, Futurbox Project S.L., 2025
Todos los derechos reservados, incluido el derecho de reproducción total o parcial de la obra.

Imagen de cubierta: Siobhan Hooper
Diseño de cubierta: Shutterstock

Publicado por Kitsune Books
C/ Roger de Flor, n.º 49, escalera B, entresuelo, oficina 10
08013, Barcelona
www.kitsunebook.org

ISBN: 978-84-10164-37-6
THEMA: VX
Depósito Legal: B 982-2025
Preimpresión: Taller de los Libros
Impresión y encuadernación: Liberdúplex
Impreso en España – *Printed in Spain*

調和

CHŌWA

Encuentra el equilibrio con la
sabiduría japonesa
del chōwa

AKEMI TANAKA

Traducción de
Laura Pizarro

Kitsune
Books

Para Rimika y Richard

Índice

Querido lector:

Me llamo Akemi Tanaka y, a lo largo de estas páginas, compartiré contigo el secreto para alcanzar el equilibrio a través de la tradición japonesa del *chōwa*.

En japonés, Akemi significa «brillante y hermoso», y Tanaka, el apellido de mi familia, «en medio de los campos de arroz». Es un nombre bastante apropiado, puesto que nací en la región rural de Saitama, en lo que una vez fue la provincia de Musashi, en un pueblecito rural a las afueras de Tokio. Para mi familia es un orgullo descender de un samurái del siglo xv que luchó junto al famoso guerrero y poeta Ōta Dōkan, el arquitecto del antiguo castillo Edo, que ahora forma parte del Palacio Imperial de Tokio.

Tras recibir una educación tradicional, estudié lo que se conoce como etiqueta occidental en una escuela de protocolo de Tokio y comencé mis estudios universitarios en Saitama. Fue una época de días muy ajetreados y, a menudo, noches en vela. Estudiaba literatura inglesa y me preparaba para ser profesora, a la vez que trabajaba en un cine en la bulliciosa capital, Ginza. Allí conocí a mi primer marido, un joven doctor de la clase alta japonesa. Me relacionaba con diplomáticos, presidentes de grandes compañías y miembros de la familia imperial. Me educaron en el arte de la ceremonia del té, y los códigos formales de la élite japonesa me fascinaban. Todo me parecía una aventura, como en *My Fair Lady*.

Pero la vida de mujer casada me planteaba serias dudas. De repente, me encontré haciendo todas esas pequeñas tareas que, durante generaciones, han servido para mantener a la mujer lejos de la vida pública: cocinar, limpiar, coser... Reflexioné sobre cómo reunir el valor para cambiar las cosas, tanto para mí como para mi hija, que aún era un bebé. Al final, el cambio me tomó por sorpresa. Mi marido y yo nos separamos, y eso me convirtió en una paria social. En el Japón de la década de 1980, el divorcio era poco habitual y casi no existían familias monoparentales. Me sentía completamente perdida, paralizada, incapaz de decidir qué camino tomar o cómo afrontar aquel repentino cambio de rumbo que había sufrido mi vida.

En ese momento, sentí que una nueva idea tomaba forma, una manera de pensar que había empleado durante toda la infancia sin ser consciente de ello. Consistía en prestar mucha atención al equilibrio de mi propia mente (es decir, a lo que ocurría dentro de mí) y al equilibrio especial que se crea en una habitación (cómo nos relacionamos con los demás). Aquella idea se hizo un hueco en mi cabeza incluso después de cruzar medio mundo para empezar una nueva vida en Inglaterra. Esa forma de pensar, igual que una espada que hubiera permanecido a mi lado, dormida pero preparada en caso de que la necesitara, era la sabiduría del *chōwa*.

En japonés, *chōwa* se traduce simplemente como «armonía». El significado literal de sus caracteres es «la búsqueda del equilibrio». El *chōwa* nos ofrece maneras de resolver nuestros problemas, centradas no tanto en la meta como en encontrar el equilibrio entre las distintas fuerzas contrarias que nos empujan a lo largo de nuestras vidas, ya sea en el ámbito familiar, educativo, laboral o personal.

Empecé mi carrera como profesora de *chōwa*. Al principio daba clases particulares en casa y, más tarde, conferencias para grupos grandes, institutos y universidades. Me llamaron para participar en programas de radio y televisión. Cuanto más enseñaba, más sentía que todas las ideas, las técnicas y la mentalidad que me habían llevado hasta aquel momento se reflejaban en el concepto del *chōwa*. Estaba convencida de que esa forma de pensar también ayudaría a los demás a encontrar el equilibrio.

Porque el *chōwa* no es una misteriosa «cualidad» japonesa, sino una filosofía, un conjunto de prácticas que moldean cómo pensamos en nosotros mismos y en los demás. Es una forma de pensar en el mundo que se puede enseñar y, por supuesto, aprender. Si bien es cierto que asimilar este concepto milenario supone un esfuerzo consciente por nuestra parte, la sabiduría del *chōwa* también nos enseña maneras prácticas de afrontar esos pequeños desafíos del día a día: tener la casa limpia y ordenada, alcanzar el equilibrio entre la vida personal y laboral, disfrutar de una relación fructífera y durádera con la pareja… Y, por supuesto, también nos ayuda a enfrentarnos a problemas no tan cotidianos, como la muerte o una catástrofe, a ayudar a los demás y a ser lo bastante valientes como para guiarnos por nuestras propias convicciones.

Actualmente, vivo en Londres. He participado en programas de la BBC y de Channel 4 y colaborado con periódicos como el *Guardian* o el *Daily Telegraph* para opinar sobre asuntos relacionados con Japón. También he dado charlas en las universidades de Cambridge y Oxford y en el museo Victoria and Albert de Londres. Recibí el premio Points of Light de manos de la entonces primera ministra británica Theresa May, como reconocimiento a la labor de Aid for Japan, la organización benéfica que fundé a raíz del tsunami del 2011 para ayudar a los niños que quedaron huérfanos tras el desastre.

Espero que estas enseñanzas te resulten tan útiles como a mí. Aunque en un principio subestimaba su poder, cuanto más las comparto y hablo de su papel en mi cultura, más comprendo lo extraordinarios que son los consejos que encontrarás en este libro.

Akemi Tanaka

Introducción

Introducción

«Dos peregrinos caminan por una larga senda. Uno de ellos lleva un sombrero de ala ancha hecho de paja. El otro no. El sol cae a plomo sobre ellos. El canto de las cigarras es ensordecedor. Ninguno dice nada. Caminan algo distanciados, dejándose espacio para reflexionar. Después de avanzar en compañía unos minutos, el peregrino del sombrero de paja se lo quita y lo ata a su espalda. Prosiguen su camino, uno junto al otro».

Inspirado por *Bushidō,* Nitobe (1908)[1]

¿Qué es el *chōwa?*

Quizá pienses, igual que yo, que la palabra «armonía» tiene algo que, en este contexto, suena un poco falso. Me hace pensar inmediatamente en una amplia sonrisa acompañada de algún eslogan digno del movimiento *flower power* de los setenta, en angelitos de porcelana cubiertos de polvo en casa de una abuelita o en la candidata del típico concurso de belleza que reza todas las noches por la paz mundial. Desde la religión hasta las relaciones personales, la palabra «armonía» me evoca un ideal divino e imaginario, inaccesible para la mayoría de nosotros.

En cambio, el término japonés, *chōwa,* aunque se traduce muchas veces como «armonía», hace referencia a algo bastante más práctico. Es una forma de vida que se practica de forma activa. Sería más correcto traducir *chōwa* no como «armonía», sino como «la búsqueda de la armonía» o, una opción más precisa, «la búsqueda del equilibrio».

En japonés, *chōwa* se escribe así:

調 和
chō – wa

El primer carácter, *chō,* significa «búsqueda». El segundo carácter, *wa,* significa «equilibrio».[2]

Chō es un carácter *a priori* bastante simple, pero esconde muchos significados. Se utiliza tanto en sentido literal, como cuando buscas algo en un cajón, como en sentido metafórico, cuando le das vueltas a algo para encontrar una respuesta o cuando buscas inspiración. Ese mismo carácter también se emplea en el verbo «prepararse». En ese sentido, significaría «buscar el orden», prepararse ante un desafío inminente. Por último, al igual que la palabra «armonía», *chō* tiene un significado relacionado con la música. Imagina una orquesta afinando sus instrumentos; el término japonés para esto sería *chō-gen,* que, literalmente, significa «poner a punto el arco». El carácter de *chō* está ligado de forma íntima a este tipo de afinación: representa el llevar a cabo una serie de pequeños cambios o ajustes para encontrar la nota perfecta, hasta que decidimos que estamos en armonía.

Wa significa «paz». Esa paz es un estado de tranquilidad y quietud (piensa en una atmósfera apacible o en un mar en calma). Cuando se emplea como verbo, se refiere a la acción deliberada de traer la paz o de equilibrar dos o más elementos que se oponen, ya sean personas, fuerzas o ideas, para conseguir que funcionen mejor juntas. Como verbo, el carácter adquiere un sentido activo, puesto que no se refiere a la paz como un ente ajeno a nosotros, sino al acto de suavizar, moderar y aliviar. Por último, el carácter *wa* de *chōwa* alude al propio país de Japón, especialmente al Japón tradicional. La vestimenta tradicional japonesa se llama *wa-fuku;* el estilo japonés es el *wa-fū* y, cuando decimos *washoku,* nos referimos tanto a la gastronomía japonesa como a una dieta equilibrada. Encontramos ese mismo carácter, *wa,* en la palabra *Reiwa,* el nombre de la nueva era que ha comenzado recientemente en Japón, el 1 de mayo de 2019, con el reinado del actual emperador, Naruhito.[3] *Reiwa* significa «bella armonía» o «la búsqueda de la armonía».[4]

Si juntamos los caracteres de *chō* y *wa,* adquieren el significado de «buscar el equilibrio» de una forma que representa la quintaesencia de todo lo japonés.

En el lenguaje coloquial empleamos *chōwa* como un sustantivo, igual que la palabra armonía en castellano, pero también se utiliza como verbo, aunque no suena tan musical como *armonizar,* y quizá tenga un matiz menos espiritual. Es un término más cotidiano, más cercano, más parecido a «dejarse llevar». Como todo lo que se aprende, ya sean artes marciales o tocar un instrumento, el *chōwa* es una práctica que se perfecciona con el tiempo.

El país del *Wa*

El *chōwa* nos enseña, ante todo, a buscar soluciones prácticas, bien sea en nuestra vida personal, familiar o dentro de una comunidad más amplia. El *chōwa* nos ayuda a buscar nuestro propio equilibrio de forma pacífica. Una de las maneras de conseguirlo es evaluar nuestros deseos y necesidades desde un punto de vista objetivo, colocándolos al mismo nivel que los deseos y las necesidades de los demás para lograr una paz auténtica. Este enfoque requiere, sobre todo, humildad y respeto, tanto hacia los demás como hacia nosotros mismos.

Lo cierto es que esta mentalidad se ha considerado durante siglos la quintaesencia de la tradición japonesa. En *El libro de Wei,* un tratado de historia del siglo III del norte de China (país que entonces se conocía como Wei), se narran algunos de los primeros contactos con el territorio de Japón, que los chinos bautizaron como «el país del *Wa*». Aquellos viajeros del siglo III escribieron en sus diarios que la gente del país del Wa «se inclina para mostrar respeto hacia las personas importantes. Son amables y respetuosos con los visitantes».[5] También escribieron sobre su famosa tradición de hacer obsequios, la costumbre de juntar las palmas de las manos para rezar y su gusto por el pescado crudo, tradiciones que los japoneses todavía conservan.

Nuestro más preciado tesoro

Unos trescientos años más tarde, Shōtoku Taishi, príncipe de Japón, gobernaba un país dividido. Había introducido el moderno sistema de gobierno chino, una tecnología agrícola novedosa y una nueva religión: el budismo. Los seguidores de la religión autóctona de Japón, el sintoísmo, disentían de esta nueva fe. El sintoísmo (o «el camino de los dioses») se basaba en el culto a los espíritus, o los *kami,* y en apreciar la belleza de la naturaleza. El budismo, con su concepto de la iluminación y sus fuertes preceptos éticos, solo interesaba a la élite más culta. Pero el príncipe Shōtoku consiguió reconciliar al país gracias a la aplicación de una constitución pacífica. El budismo y el sintoísmo podían practicarse de forma conjunta.

El primer artículo de esa constitución dice así:

以和爲貴、無忤爲宗。
人皆有黨。亦少達者。

«La armonía es nuestro tesoro más preciado, cualquier discordia se debe eludir. Todos los hombres tienen sus propias creencias, pero muy pocos son sabios».
SHŌTOKU TAISHI (574 – 622 D. C.)[6]

En la actualidad, la relación entre el sintoísmo y el budismo en Japón va más allá de la mera coexistencia: ambas creencias se complementan la una a la otra. Los japoneses se consideran sintoístas, budistas, seguidores de ambas creencias o de ninguna. El alma del Japón actual se ha forjado a partir de esta respuesta pacífica y positiva ante lo que habría conducido al país a la guerra y al desastre. Todo gracias a la anteposición de la armonía a las preferencias o intereses personales, incluso a las creencias más arraigadas. La prevalencia de estos dos cultos ha permitido el desarrollo de una única cultura, que combina la gratitud hacia las fuerzas creadoras de la naturaleza con un fuerte compromiso ético hacia los demás.

¿Por qué el *chōwa* es tan importante hoy en día?

Gran parte de lo que los extranjeros encuentran tan cautivador de Japón se resume en las enseñanzas del *chōwa*. Seguro que has escuchado anécdotas de japoneses aficionados al fútbol que no abandonan el estadio tras el partido hasta dejarlo inmaculado, o quizá hayas visto algún vídeo de un tren japonés en el que todos y cada uno de los viajeros mantienen una atmósfera de calma y silencio, incluso en el corazón de la ciudad más ajetreada del mundo.

Desde que me marché de Japón para empezar una nueva vida en Inglaterra, hay ciertos aspectos de la cultura japonesa que veo con otros ojos, incluso de forma crítica. Pero cuando hablo con la gente sobre mi cultura, siempre regreso a las mismas enseñanzas, las que buscan la armonía. Hay una serie de pasos con los que alcanzaremos el equilibrio si los implementamos en nuestro día a día.

En la actualidad, buscar el equilibrio en la vida, y más aún, encontrarlo, es más difícil que nunca. A veces, parece que no tenemos tiempo para reflexionar, que nos movemos por el mundo de forma mecánica; actuamos por inercia con nuestras familias y esperamos que cualquier dificultad desaparezca por sí sola. Pasamos cada vez más horas en un puesto de trabajo en el que nuestros compañeros no nos importan y no tenemos tiempo que invertir en nosotros mismos o en nuestros seres queridos. En lugar de eso, compramos cosas de forma frenética, con la esperanza de que hagan nuestra vida más fácil, de que nos aporten una suerte de «equilibrio instantáneo», e intentamos olvidar las consecuencias de nuestros actos en la naturaleza y cómo ponen en peligro la estabilidad de nuestro propio planeta. Es hora de mirar a nuestro alrededor, de respirar profundamente e introducir un poco de calma en nuestras vidas. Solo así averiguaremos qué nos pasa en realidad y qué le ocurre al mundo que nos rodea. El *chō* de *chōwa* es precisamente eso: buscar, prepararse. Es el primer paso para encontrar el equilibrio.

Y luego está el *wa*: una forma de alcanzar una «paz activa». Al principio de esta introducción, he hablado de la armonía como sustantivo. Cuando pensamos en la armonía como en un estado lejano, un concepto o un ideal, la convertimos en algo inalcanzable, incluso simbólico. Pero si utilizamos la armonía como un verbo (vivir en armonía con nosotros mismos o vivir en armonía con los demás), comprendemos que está en nuestras manos alcanzar el equilibrio, ya sea en nuestro lugar de trabajo, en nuestras relaciones personales o en la sociedad. El *chōwa* como verbo alude a buscar una solución práctica a nuestros problemas, sin olvidar que debemos convivir con los demás en el mismo planeta. Creo que el *chōwa* es una forma de pensar que nos beneficiaría a todos, ahora más que nunca.

Por último, como en la breve parábola que encontraste al principio de la introducción, te recordaré a lo largo de este libro que el *chōwa* es la promesa de responder de la manera más generosa y valiente posible al mundo que nos rodea. Con el *chōwa* nos abrimos constantemente a los demás para compartir con ellos tanto su alegría como su sufrimiento, y también entendemos que todos nos hemos embarcado en el mismo viaje: la búsqueda del equilibrio.

El camino del *chōwa*

Ninguna de las ideas que comparto en este libro necesitan muchas aclaraciones más allá de lo que explico en cada capítulo, y haré lo posible por transmitir los enrevesados proverbios japoneses de la forma más clara posible; además, cuando comparta historias personales de amigos y familiares, cuyas vidas en Japón pueden parecerte completamente distintas a la tuya, las relacionaré con experiencias algo más universales. También te daré la oportunidad de reflexionar a lo largo de la lectura, mediante preguntas o resúmenes del camino que hayamos recorrido. Este es un breve resumen del contenido del libro:

- Cómo desarrollar un estado diario de preparación, flexibilidad y resistencia con el que alcanzar nuestro propio equilibrio.

- Cómo controlar mejor las emociones negativas y a abrir nuestro corazón cuando nos relacionemos con los demás.

- Cómo un pequeño cambio en nuestra alimentación y en la forma de tratar a la naturaleza traerá el equilibrio a nuestra mente, nuestro cuerpo y nuestra alma.

- Cómo hacer frente a la muerte o a la tragedia y prepararnos de antemano para lo peor. Debemos asumir que las desgracias ocurren, tarde o temprano, pero también que tenemos la capacidad de levantarnos.

Parte 1

Encuentra tu propio equilibrio

第一章

自分の調和を見つける

1

Abriendo puertas

«En cada puerta, barro de las sandalias, ya es primavera.»
ISSA (1763 – 1827)[7]

En Japón se encuentran algunas de las estructuras de madera más antiguas del mundo, incluidas muchas casas tradicionales. Aunque estas construcciones tienen cierto aire distinguido, no todas se considerarían bellas. Su cualidad japonesa por antonomasia no es, a mi entender, ni el estilo minimalista ni la simplicidad *wabi-sabi*, sino que estas casas antiguas, así como sus habitaciones, objetos y muebles, son el resultado de un ejercicio de premeditación, planificación, búsqueda y conservación del equilibrio; equilibrio con la naturaleza, el ritmo de la vida familiar y la armonía de la propia casa.

Me gustaría transmitiros algunas enseñanzas que he extraído de la armonía de las vigas de madera, de las puertas *shōji* de papel, de los suelos de tatami y de las costumbres diarias que hacen de una casa un hogar japonés tradicional. Son lecciones que nos enseñan a mostrar gratitud hacia nuestra casa por todo lo que nos ha dado. ¿Cómo? Hay muchas maneras de hacerlo, y algunas te sorprenderán: limpiar a fondo el baño, preparar una habitación para acoger a un invitado inesperado, secar la ropa, darse un baño o llegar a casa después de un largo día.

Estas son las enseñanzas del *chōwa* que aprenderás en el siguiente capítulo:

- **Respeta los ritmos de tu hogar.** Para ello, reflexionaremos sobre las necesidades concretas de los distintos espacios de nuestra casa y sobre el significado de cada una de nuestras rutinas. Cuando comprendamos lo que nuestra casa necesita de nosotros, aprenderemos a vivir presentes dentro del hogar.

- **Haz que tu casa esté en armonía con la naturaleza.** El *chōwa* se basa en la aceptación del mundo tal y como es, lo que conlleva una reconciliación con las fluctuaciones del tiempo. Aceptaremos que el uso conduce al deterioro, que los desastres repentinos e inesperados son posibles. Te enseñaré varias maneras de incorporar el mundo natural a tu día a día.

El wabi-sabi y el *chōwa* ¿En qué se diferencian?

Durante siglos, las casas japonesas han fascinado tanto a arquitectos como a diseñadores de interiores extranjeros. No voy a explayarme mucho en estos conceptos (como el minimalismo japonés o el *wabi-sabi),* porque algunos ya los conocerás. Así que, antes de hablar del interior de un hogar japonés tradicional, aclararé la diferencia entre el *chōwa* (la búsqueda del equilibrio) y el *wabi-sabi* (la belleza frágil e imperfecta, la sencillez natural).

Wabi-sabi • ¿Qué significa? Denota una belleza frágil o una simplicidad natural. Es la comprensión de que nada dura para siempre, de que todo llega a su fin. Este concepto, que tiene su origen en el budismo, ha inspirado gran parte de lo que hace grandes la poesía y el arte japoneses, así como la arquitectura y el diseño de sus edificios.[8]

Me viene a la cabeza el escritor japonés Jun'ichirō Taniza-ki. En su libro sobre estética japonesa *El elogio de la sombra*, exhorta a sus lectores a no olvidar la elegancia y la melancolía de la belleza de las casas tradicionales. Alaba las vetas de los viejos suelos de madera, la lluvia al caer en el jardín y discurrir entre el musgo que cubre la linterna de piedra.[9]

Chōwa: la búsqueda del equilibrio • El *chōwa* es la búsque-da del equilibrio, la armonía. Pensar a través de la filosofía del *chōwa*, tanto en nuestro hogar como en los demás ámbi-tos que analizaremos en este libro, nos ayuda a centrarnos en el viaje, a mantener el equilibrio y a prepararnos para cual-quier situación, incluso el peor de los casos. Es un proceso que requiere esfuerzo, y no se consigue de la noche a la ma-ñana. Tenemos que salir ahí fuera y tomar medidas para traer el equilibrio a nuestras vidas. En realidad, la mentalidad del *chō* nos lleva a aceptar que nunca alcanzaremos ese estado casi divino de equilibrio o armonía, pero *cualquier* equilibrio implica el acto de equilibrar, y eso es suficiente.

Es cierto que el *wabi-sabi* y el *chōwa* tienen puntos en co-mún. Para estar en armonía es muy importante ver el mundo tal y como es. Eso está muy ligado a abrazar la perfecta imper-fección de la naturaleza. No obstante, recuerda que el *wabi-sa-bi* no lo es todo (aunque la palabra se haya convertido en un préstamo en Occidente para referirse a lo que allí se considera algo «típico japonés»). Debemos recordar, en especial cuando se trata de ideas más estéticas tras el *wabi-sabi*, que nuestra actitud hacia el hogar, ya sea en Japón o en cualquier otro país del mundo en el que vivamos, no se basa solo en cultivar la idea japonesa de la belleza melancólica. Al fin y al cabo, debe-mos vivir en ese lugar al que llamamos hogar.

Cómo llevar el chōwa a nuestro hogar • A medida que te guían por uno de esos espacios japoneses, quizá pienses: «Muy bonito, pero ¿cómo aplico todo esto a mi vida?».

Una casa es como un idioma: tiene su propia gramática. Si algo he aprendido al enseñar japonés es que explicar la gramática a un hablante no nativo no es nada fácil. Cuando hablo de llevar el *chōwa* a tu propia casa, no te pido que renuncies a tus costumbres, a tu manera de relajarte, a cómo expresas tu agradecimiento a las personas con las que vives o a cómo cuidas la casa. Estoy convencida de que, al igual que me ocurre a mí, hay ciertos aspectos de tu vida dentro del hogar que no podrías cambiar aunque quisieras. Cada uno de nosotros elige su casa según distintos factores: porque es la que nos podemos permitir, porque está cerca del trabajo o porque es lo bastante grande como para alojar a toda nuestra familia.

Tampoco es mi intención que reformes el espacio en el que vives, que cambies las alfombras por un suelo de tatami o las ventanas y puertas por paneles *shōji*. Lo que sí explicaré serán algunos conceptos del *chōwa* extraídos de las casas japonesas. Estos incluyen una preparación de antemano para cualquier imprevisto: tanto la llegada de un invitado inesperado como otros sucesos más trágicos. Porque, independientemente de dónde vivamos, siempre está en nuestras manos crear un hogar en el que cultivar la filosofía del *chōwa*. Solo tenemos que prestar mucha atención a lo que nuestra casa necesita para que, a cambio, nos devuelva lo que necesitamos de ella.

Deja que te guíe por esas estancias, aunque sean algo distintas a las que sueles habitar. Haré todo lo posible por salvar las distancias y fomentar el espíritu del *chōwa* en tu propia casa.

El hogar de los Tanaka

Voy a invitarte a que viajes conmigo en el tiempo, más de cincuenta años atrás, para visitar una casa japonesa tradicional en la provincia rural de Musashi, al norte de Tokio. Esa provincia no existe hoy en día; la zona en la que me crie ahora forma parte de Saitama.

Si caminas hacia la casa desde la estación, solo encontrarás campos de cultivo. Lo primero que verás será una pequeña granja. Todavía estamos a principios de año, pero ya se distinguen las frondas de helechos de color verde oscuro que crecen a lo largo de la pequeña parcela y, si te fijas, verás que han plantado el *daikon* (o rábano japonés) antes de la llegada de la primavera. Pasas por delante del cementerio de un templo, donde crece un sauce enorme y frondoso. Escuchas el sonido de un gong y dos fuertes palmadas. Alguien está rezando.

Más allá del templo y del cementerio, subes un camino empinado y te acercas poco a poco a un edificio de madera de gran tamaño. Pasas por unos establos abandonados a tu izquierda. Al lado de una pequeña caseta, a tu derecha, hay una cesta llena de lo que parecen huevos, aunque son pequeños y esponjosos. Esa caseta es, en realidad, una granja de gusanos de seda que produce el tejido con el que se confeccionan los kimonos. Subes hasta alcanzar la entrada del gran edificio de madera; los aleros que sobresalen están cubiertos por tejas de arcilla al estilo *kawara* y se mantienen en el aire gracias a unos pilares de madera oscura. Subes tres escalones de piedra para pisar, por fin, la entrada de la casa y buscas un timbre o una aldaba, pero no lo encuentras. Con cuidado, deslizas la puerta de madera y pones un pie en el interior de la estancia.

Da un paso adelante: adopta una mentalidad positiva en cuanto entres por la puerta y prepárate para el futuro

• Te encuentras en el *genkan*, o entrada, un espacio de tan solo un metro cuadrado. Esta pequeña habitación todavía se construye, incluso en los edificios de apartamentos más modernos; es el lugar en el que los invitados se quitan el calzado y los propietarios reciben a las visitas. Como esta es una casa tradicional, ves que, encima de un armario para zapatos (un *getabako*), hay un jarrón con una ramita de ciruelo en flor. Te recuerda que, aunque fuera todavía hace frío, ya se aprecia el despertar de la primavera.

Oyes mi voz al final del pasillo. Te estaba esperando, así que te llamo desde lejos:

—¡O-agari kudasai!

Ese saludo significa «pasa, por favor», aunque su significado literal es «da un paso adelante, por favor». Esto se debe a que, cuando alguien entra en una casa japonesa tradicional, puede atravesar el *genkan* y llegar al recibidor en tan solo un paso. Cuando entras en una casa, debes quitarte los zapatos en un único movimiento. Aquellos que no están acostumbrados a este proceso corren el riesgo de pisar el suelo de la casa por accidente. Para nosotros, después de toda una vida realizando el movimiento, es algo automático.

Ves que todos los zapatos que hay en el *genkan* están alineados delante del escalón, mirando hacia la puerta, así que haces lo propio y colocas los tuyos de forma que la puntera señale la entrada. Así, cuando te marches, solo tendrás que introducir los pies en ellos.

Este es un ejemplo perfecto del *chōwa* en acción: cómo debemos prepararnos en todo momento para lo que pase después. Son pequeños actos que nos ayudan a afrontar un futuro incierto.

Que tus preocupaciones sean conscientes: «Ve con cuidado y vuelve a casa» •

Cuando un miembro de la familia sale de casa, siempre dice «*i-tte-ki-ma-su*», que significa «me voy y vuelvo».

La persona que se queda responde «*i-tte-ra-ssha-i*», que quiere decir «vete, pero asegúrate de volver».

Hay una tensión desgarradora en esta costumbre entre el deseo de que nuestro ser querido regrese y la conciencia de que cabe la posibilidad —demasiado terrible como para imaginarla siquiera— de que nunca vuelva a casa. Si alguna vez has esperado hasta tarde a que alguien te llame o a que regrese tras estar fuera más tiempo del que esperabas, sabrás a qué me refiero. Esta costumbre forma parte de nuestro compromiso de prepararnos para superar cualquier obstáculo que la vida ponga en nuestro camino. Los desastres naturales ocurren con frecuencia en Japón, por eso siempre estamos listos para lo peor. Es en parte el motivo por el que decimos «por favor, vuelve»; es lo que nos empuja a guardar un kit de supervivencia para terremotos en el porche y la razón por la que hemos designado un lugar de encuentro concreto en la casa en caso de emergencia.

Este es uno de los mensajes centrales del *chōwa*, y volveremos a él una y otra vez a lo largo del libro: lo que decimos tiene que estar en sintonía con lo que hacemos. Es la manera de vivir en equilibrio con nosotros mismos y con los demás. Por eso, la búsqueda de la armonía en nuestra familia y en el hogar empieza por dar voz a nuestras esperanzas y miedos para que, si algo nos preocupa, lo haga de forma más consciente.

En los últimos tiempos le he dado vueltas a esta idea, ahora que muchos de los miembros de mi familia no hablan japonés. Ya no dependo de las costumbres japonesas, de modo que tengo que buscar otras maneras para expresar en inglés mi gratitud por vivir con mis seres queridos. A veces es difícil, pero, como nunca se sabe lo que nos deparará el mañana, te aconsejo que hagas lo mismo.

Tatami: encontrar el equilibrio en el hogar y en la naturaleza • Una vez das ese paso adelante y entras en la casa, atraviesas un largo pasillo. Cuando llegas al final, encuentras una habitación de gran tamaño con un suelo de tatami. Pisar con los pies descalzos un tatami se parece un poco a caminar sobre césped seco; de hecho, los tatamis están hechos de paja de arroz finamente tejida. Su olor me recuerda al del té, en parte porque una ceremonia del té siempre se celebra en una estancia con tatami y, en parte, porque el olor de la paja de arroz se parece al del *genmaicha* (té verde mezclado con arroz integral). Cuando la gente pisa los tatamis, lo hace con los pies descalzos o, como yo, con unos *tabi*, que son pequeños calcetines tradicionales de color blanco (pisar el tatami con calzado está prohibido, aunque sean unas zapatillas de andar por casa).

Una técnica muy común de meditación consiste en concentrarse en las plantas de los pies, que están en contacto con el suelo, separados a la anchura de los hombros. Estemos de pie o sentados, lo importante es que nos sintamos anclados al suelo y que respiremos profundamente. Así nos sentiremos en perfecto equilibrio. Una de las razones por las que resulta tan relajante caminar con los pies descalzos o con calcetines *tabi* sobre un tatami es que provoca la misma sensación que pasear sin zapatos por el campo o a través del bosque.

En mi casa de Londres, aunque no tengo suelo de tatami, hay un pequeño jardín. Para sentirme anclada al mundo, en conexión con la tierra, salgo al jardín y practico esta sencilla técnica de meditación. Puedes hacerlo en tu casa para sentir esa conexión con la naturaleza. Elige un lugar tranquilo, ponte de pie o siéntate en una silla y concéntrate en tu respiración. Realiza este ejercicio fuera, en el jardín, en un parque o simplemente abriendo la ventana para que entre aire puro.

Cuando inhales por la nariz, concéntrate en la sensación de frescor y de placer que provoca el aire que entra en tus pulmones. Sentirás que tu cuerpo se llena de la energía y vitalidad que emanan la tierra y el aire.

A continuación, exhala lentamente, también por la nariz. La exhalación relaja nuestro cuerpo, de manera que sentirás que la tensión acumulada desaparece poco a poco.

Si te concentras en hacer inspiraciones y espiraciones de ocho segundos cada una, te relajarás de forma paulatina y natural. Realiza este ejercicio durante cinco minutos. Lo más importante es que te concentres en tu respiración y en el momento presente. A medida que tu respiración se serena y estabiliza, tu mente hará lo mismo.[10]

Los paneles shōji: espera lo inesperado • Supongamos que te invito a la casa familiar de los Tanaka con motivo de alguna celebración. La habitación principal con suelo de tatami es bastante grande. En medio de la estancia hay una larga mesa; es muy baja, al estilo tradicional japonés, y a su alrededor podrían comer diez o más personas, arrodilladas o sentadas con las piernas cruzadas.

En el suelo, cada pocos metros, hay pequeños surcos de madera que atraviesan la habitación y dividen el tatami. En realidad, son guías para los paneles de madera y papel que normalmente separan la habitación en distintos espacios, y que se quitan y se guardan para modificar la distribución de la estancia conforme a las necesidades de la familia.[11]

Estos paneles forman parte de la arquitectura, no solo de la casa, sino de la hospitalidad japonesa. Muestran la voluntad de los japoneses de recibir a un visitante inesperado en cualquier momento o de ceder su propio espacio a un miembro de la familia que debe quedarse trabajando hasta tarde.

Los paneles *shōji* tienen otra función de lo más práctica. Cuando el último invitado entra en una habitación en la que va a celebrarse, por ejemplo, la ceremonia del té, este cierra la puerta corredera de manera firme y deliberada. El sonido resultante es un golpe seco muy satisfactorio que todos los participantes reunidos en torno a la mesa oyen. Los asistentes esperaban esa señal, que les indica que ya ha llegado todo el mundo. El anfitrión también aguardaba ese sonido para dar comienzo a la ceremonia del té.

La actitud de esperar lo inesperado y responder a la vida a medida que se va desarrollando conforma el núcleo del *chōwa*, y el primer paso para alcanzarla es la forma en que tratamos a nuestro hogar.

Las sillas y las mesas plegables son una manera excelente de reorganizar los distintos espacios de la casa según nuestras necesidades. Cada vez somos más los que vivimos en un apartamento pequeño en la ciudad, así que, al dotar a nuestras casas de cierta flexibilidad, aprovechamos el espacio al máximo para trabajar, dormir y recibir invitados en una misma habitación.

En lo que a amueblar una habitación en Japón se refiere, el equilibrio se convierte en una cuestión de vida o muerte. En caso de terremoto, un armario pesado podría caer al suelo. Cualquier estante abarrotado corre el riesgo de venirse abajo. Un espejo colgado en la pared o una imagen enmarcada podrían romperse y llenar de cristales toda la habitación. Incluso aunque no tengamos la necesidad de prepararnos para un cataclismo semejante, pensar en el equilibrio de forma tan literal (considerando el peso y la cantidad de objetos que hay en la casa) resulta de gran ayuda a la hora de afrontar los desafíos y los cambios del día a día, por muy inesperados que sean. Por ejemplo, ¿qué pasaría si te mudaras a otra ciudad o a otro país mañana mismo? Podría ser por un ascenso, por tu pareja o porque te has tomado un año sabático. ¿Qué harías con todas tus cosas? ¿Las venderías o regalarías? ¿Las almacenarías en un trastero? Hoy en día, pocas personas permanecen en el mismo lugar durante toda la vida, especialmente si no son las propietarias de su casa. Por eso es importante recordar que los objetos ligeros son más fáciles de trasladar de un sitio a otro, de vender y de almacenar. Al pensar por adelantado en este tipo de equilibrio físico en el hogar, nos sentiremos menos atados a la hora de tomar una decisión importante.

- ¿Dónde viven tus amigos cercanos? Si alguno vive lejos, asegúrate de que saben que piensas en ellos. Mantener el contacto es tan simple como confirmarles que tu casa siempre estará abierta para ellos. Por eso en Japón, como muestra de nuestro espíritu hospitalario, las puertas *shōji* se dejan entreabiertas.

La relajación como forma de preparación • Después de enseñarte la casa y comer algo, te sugeriría que pases la noche con nosotros. Quizá hayas perdido el último tren. También te ofrezco de buen grado que te des un baño. A diferencia de las bañeras occidentales, los baños japoneses son más profundos que largos. Cuando te hundes en el agua, esta te cubre hasta los hombros.

Para mí, es normal bañarme todas las noches. No solo porque esos momentos de paz con uno mismo al final del día son muy relajantes, sino por una cuestión de higiene. Muchos japoneses se dan baños de una hora. El baño tradicional en Japón consiste en ducharse fuera de la bañera principal y, después, sumergirse en el agua. Los baños japoneses se dividen en bañera y ducha. Esta última consiste en un taburete en el que sentarse mientras uno se lava y un desagüe en el suelo por donde corre el agua sucia. Esta división es típica de muchas casas japonesas, no solo de las tradicionales. En ocasiones, incluso entramos y salimos de la bañera varias veces para usar la ducha y nos volvemos a sumergir en el agua caliente. Cuando terminamos, no quitamos el tapón para vaciarla, sino que dejamos el agua como está para la próxima persona que quiera utilizarla. Además de ser un proceso muy relajante, se considera que el ejercicio de entrar y salir de la bañera es bueno para la piel.

Sin duda alguna, el mayor beneficio de bañarse al final del día es la relajación. Nos permite escuchar nuestra voz interior y ser conscientes de lo que sentimos y pensamos. El ruido del mundo exterior hace imposible oír esa voz, pero, en el baño, nuestra mente se relaja junto con el resto del cuerpo. No importa lo que nos hayan dicho a lo largo del día, nada de lo que haya pasado durante la jornada puede perturbar esa voz interior, ese espacio de silencio.

- Durante el baño, haz algún estiramiento sencillo o masajéate el cuello con cuidado.

- Si sueles aprovechar tu tiempo en la bañera para leer, escuchar música o mirar el móvil, deshazte de todas las distracciones. Frena un poco el ritmo, escucha tu voz interior. Esta es la mejor manera de recuperar el equilibrio al final de un día ajetreado.

- Lávate por la noche, en lugar de por la mañana. Esta acción tan sencilla está muy ligada al *chōwa*, porque seguimos el compás que marca nuestra rutina, y además ofrece varias ventajas: tendrás más tiempo por las mañanas y tu cama siempre estará limpia; al fin y al cabo, si te acuestas con el pelo sucio, ensuciarás la almohada.

Tadaima: Cuando llegues a casa di «ya estoy aquí» • Cuando un miembro de la familia llega a casa, dice «Ta-dai-ma», que significa «acabo de llegar» o «ya estoy aquí».

La persona que estaba en casa responde «O-ka-er-i-na-sai» o solo «O-ka-er-i», que significa «bienvenido» o «bienvenida».

Vivimos en un mundo en el que se espera que siempre estemos conectados, respondiendo correos electrónicos, leyendo mensajes o consultando las redes sociales, en las que somos «amigos» de nuestros compañeros de trabajo, de antiguos amigos del colegio, de familiares y de desconocidos. Los límites entre el hogar, el trabajo y la vida social parecen haber cambiado para siempre. Lo mínimo que podemos hacer es comprometernos a *estar* en casa de manera consciente cuando lleguemos.

Esta promesa, tan fácil de mantener cuando éramos pequeños, otorga a la frase «ya estoy aquí» una importancia renovada. En japonés, esas palabras tienen una melodía especial, una musicalidad que asociamos con el cariño de nuestra familia. Volvemos a casa, nos quitamos los zapatos y gritamos «¡ya estoy en casa!» para después suspirar de alivio y olvidar el resto del día. Luego, cenamos con la familia, leemos un libro o nos relajamos en la bañera. Hay algo muy poderoso en este pacto, en la promesa diaria de vivir en el presente, al menos mientras nos encontremos en casa:

«Ya estoy aquí».

Una casa en armonía con la naturaleza: cómo cuidar mejor del hogar

Hoy en día, las vidas de los japoneses siguen estrechamente ligadas al ritmo de las estaciones, incluso nuestras costumbres dentro del hogar. No olvidemos que, al fin y al cabo, buscar el equilibrio también significa estar en armonía con la naturaleza.

El *chōwa*, es decir, vivir en armonía, no consiste en crear una burbuja para nosotros solos y olvidar que, como el resto de cosas que hay en el mundo, formamos parte de la naturaleza. No importa la cantidad de plástico que utilicemos o si pasamos mucho tiempo en una metrópoli de acero y hormigón; formamos parte de la naturaleza, y la naturaleza forma parte de nosotros.

Como todo lo que proviene de la naturaleza, nuestras vidas están sujetas a cualquier tipo de cambio.

Como todo lo que proviene de la naturaleza, algún día desapareceremos.

No soy pesimista, es un hecho. Al aceptarlo, también aceptamos el paso del tiempo y el inevitable desgaste que experimentan nuestras casas con el uso. El *chōwa* nos enseña a habituarnos al ritmo que marca la naturaleza y a prestar más atención a lo que nuestra casa necesita de nosotros.

Que las casas japonesas se construyan principalmente con materiales naturales (papel, madera y tierra apisonada) es una manera de recordar esta verdad tan importante.

Si observas con atención los paneles *shōji* de la casa de mi familia, verás que, aunque es un edificio antiguo, las pantallas de papel parecen nuevas. Ese papel se cambia una vez al año, el 30 o el 31 de diciembre, antes de Año Nuevo. Cuando era pequeña, me encantaba ayudar a mi madre y a mi tía a cambiar las pantallas de casa de mi tío. Atravesaba el papel de un puñetazo y dejaba un agujero allí por donde mi puño había pasado. Los jirones del papel me parecían llamas blancas que se enroscaban sobre sí mismas. Las pantallas se cambiaban justo para las celebraciones de Año Nuevo, y la casa rejuvenecía y se convertía en un lienzo natural e inmaculado.

Cómo cuidar de una casa según el sintoísmo (el camino de los dioses) • Si recorres la casa de mi familia, verás que los pasillos están impecables. Tanto es así que ves tu reflejo en la madera oscura.

Algunos métodos que Marie Kondo, la famosa gurú del orden japonesa, ha enseñado a sus miles de lectores en todo el mundo (cómo doblar la ropa, organizar la casa, tirar o regalar lo que ya no necesites...) se han transmitido en las familias japonesas durante generaciones.[12] Creo que uno de los motivos por los que ordenar la casa a la manera japonesa se ha vuelto tan popular es por la conexión implícita entre el proceso de ordenar y el flujo natural de las cosas. Existe una estrecha relación entre limpiar la casa y encontrar el equilibrio; el acto de despejar una habitación es una forma más de estar en armonía con la naturaleza.

La religión tradicional de Japón, el sintoísmo (el camino de los dioses o de los espíritus), se basa, entre otras cosas, en la creencia de que los *kami* (los espíritus) habitan todo lo que hay en la naturaleza: la lluvia, las montañas, los árboles, los ríos... Esto se extiende a los objetos fabricados por el hombre que encontramos en nuestro hogar. Asimilar que esos espíritus viven dentro de los objetos que limpiamos y pensar que, aunque son objetos inertes, tienen una vida y unas necesidades propias, nos ayuda a ser conscientes del tipo de cuidados que precisan.

Incluso los objetos inanimados, desde los abanicos a los zapatos, pasando por las sillas o los coches, pueden albergar a un *kami;* a fin de cuentas, todas nuestras posesiones vienen, en última instancia, de la naturaleza. Incluso los objetos de plástico o acero los han fabricado manos humanas. El sintoísmo nos enseña que todas las cosas, tanto naturales como artificiales, tienen un valor intrínseco.

Cada vez que limpio mi *kiri-dansu,* un mueble especial con cajones de madera en el que guardo mis kimonos, digo en voz alta lo siguiente: «Gracias por venir conmigo desde Japón, gracias por ayudarme».

- Seguro que tienes algún objeto, un sillón, un escritorio o un reloj que utilizas todos los días y al que te gustaría dar las gracias por todo el tiempo que lo has usado. Me pregunto si, al expresar nuestra gratitud, tratamos mejor a esos objetos; por ejemplo, al decidir tapizar de nuevo tu sillón favorito.

- ¿Cómo podemos cuidar de los materiales naturales que tenemos en casa? ¿Sabes de qué tipo de madera está hecha la mesa del salón? ¿De qué tejido son tus sábanas y tus cojines? Si somos conscientes de los materiales que nos rodean, no solo los cuidaremos mejor, sino que también nos sentiremos más agradecidos hacia esos objetos por todo lo que nos han ayudado.

Reciclar y reutilizar en casa • Tratar a los materiales que forman parte de nuestro hogar como se merecen también significa utilizarlos el máximo tiempo posible. Les devolveremos lo que han hecho por nosotros para que tengan una vida larga, sana y feliz. En Reino Unido, cuando llega la Navidad me embarga cierta tristeza al ver cómo se usa el papel de regalo, que se rompe de cualquier manera y se tira al suelo, o se mete sin miramientos en una bolsa de basura. El hecho de que solo se haya utilizado una vez empeora el sentimiento. Siempre pienso «*mottainai*», que significa «qué desperdicio».

En Japón, los regalos todavía se envuelven en una tela de seda estampada llamada *furoshiki.* Tradicionalmente, estas telas tenían una multitud de usos distintos. Se empleaban para envolver ropa y almacenarla con cuidado en un armario o para llevar objetos (hubo un tiempo en que eran tan comunes como las bolsas o las carteras en Occidente). Los japoneses las emplean para llevar verduras, sacos de arroz, comida e incluso a su bebé. Cuando el *furoshiki* se usa para envolver regalos, después de que la persona haya desenvuelto el obsequio (normalmente los regalos se abren cuando estamos solos en casa), tiene que devolver el *furoshiki* a su dueño original para que este lo utilice de nuevo. Envolver un regalo con tela, además de ser más elegante que hacerlo con papel, es mucho más respetuoso con el medioambiente.

Si, después de todo, utilizar el *furoshiki* en tu vida diaria no te convence, siempre puedes poner en práctica los principios que esta tela representa. Por ejemplo, tener un poco más de cuidado a la hora de desenvolver los regalos para usar ese papel de nuevo. Y, cuando envuelvas algo, si atas el papel con algún tipo de lazo en vez de usar cinta adhesiva, animarás a los demás a reutilizarlo.

Cuidar de la casa para demostrar nuestro cariño y gratitud
• Existe una creencia en Japón, inspirada en el sintoísmo, que plasma una de las enseñanzas más importantes del *chōwa*. Es la idea de que cuidar del hogar nos ayuda de algún modo a encontrar el equilibrio. Es como un intercambio: cuanto mejor cuidemos de nuestra casa, mejor cuidará ella de nosotros.

Mi abuela me decía que incluso había un *kami* dentro del inodoro. «Si lo limpias, el dios del retrete te dará buena salud y quizá hasta buena suerte. Pero no solo eso, si consigues que esté reluciente, cuando crezcas te convertirás en una jovencita muy guapa». La moraleja era la siguiente: si el espíritu del inodoro está contento, tú también lo estarás.[13]

Cuando limpiamos la casa, nos sentimos más cerca de nuestros seres queridos. Los que nos enseñan a limpiar suelen ser los mismos que nos enseñan todo sobre la vida: nuestras madres, padres, abuelas, hermanos mayores… Cuando recojo la casa, me siento de alguna manera más unida a esas personas, tanto a las vivas como a las que ya no están.

Limpiar la casa para encontrar el equilibrio familiar • Hay mucha gente en Japón que cree que cuando el espíritu del hogar es feliz, tú tienes más probabilidades de serlo. Al menos eso es lo que me decía mi madre cuando no hacía mis tareas.[14]

No obstante, difiero de mi madre. Me parece mucho más importante hacer hincapié en que el resto de la familia participe en las tareas del hogar. Para mí, limpiar relaja y tonifica a partes iguales, pero eso no significa que todo el trabajo recaiga sobre mí. La limpieza del hogar constituye una forma de encontrar cierto equilibrio dentro de las familias, de demostrar que cada uno pone algo de su parte en el cuidado del hogar. A día de hoy, en casa solo vivimos mi marido y yo, y él se ocupa de su parte de las labores domésticas.

Cuidar de la casa para dar las gracias • El 1 de septiembre de 1923, una amiga de mi abuela la invitó a su casa de Tokio. Conversaban mientras mi abuela acunaba a su bebé en brazos (ese bebé era el hermano mayor de mi madre, que se negaba a dormir). En ese momento, el suelo empezó a temblar. Mi abuela ya había vivido algún terremoto, pero ninguno como aquel; la casa entera se zarandeaba violentamente. En un instante, el techo se vino abajo y bloqueó el campo de visión de mi abuela. Los escombros la habían sepultado y tirado al suelo. Todo a su alrededor se sacudía, pero ella solo podía aferrarse a su bebé y esperar. Ese fue el gran terremoto de Kantō de 1923, en el que murieron más de 100 000 personas. Mi abuela y su hijo sobrevivieron de milagro. Cuando consiguieron salir de entre los escombros, vieron muchísimas casas destrozadas. Los edificios de madera y papel arden con facilidad, así que, debido a los numerosos incendios que se originaron después del terremoto, esos hogares que tanto cariño habían recibido de sus familias durante generaciones quedaron reducidos a cenizas en tan solo un instante.

El 11 de marzo de 2011 vi en las noticias que un terremoto y un posterior tsunami habían azotado Tōhoku, en el noreste de Japón. No fue hasta unos meses más tarde, cuando puse en marcha mi propia organización benéfica para ayudar a los supervivientes, cuando visité los alojamientos temporales para los desplazados por las distintas catástrofes: el terremoto, el tsunami y el accidente nuclear de la central de Fukushima. Una de las cosas que más entristecía a las familias era no tener acceso a una higiene decente. El champú en seco no se ha hecho un hueco en el mercado japonés porque se ha convertido en un recuerdo de esa época tan difícil. A los japoneses no les importa dedicar unos minutos más al aseo personal, porque saben lo afortunados que son de hacerlo.

Aprender de la tragedia es otra de las enseñanzas del *chōwa*: hay que compartir con los demás tanto las alegrías como las adversidades. La frecuencia de las catástrofes naturales en Japón nos recuerda que, aunque no hayamos vivido directamente una desgracia parecida, tenemos suerte de conservar nuestra casa en perfecto estado. Por eso, limpio mi hogar como muestra de gratitud por mi buena suerte y por el lujo de tener una casa ordenada día tras día.

Enseñanzas del *chōwa*: cómo encontrar el equilibrio en el hogar

Sé más consciente de lo importante

¿Tienes alguna costumbre familiar para cuando alguien llega o sale de casa?

* ¿Te gustaría expresar tu cariño y gratitud a tus seres queridos más a menudo?

- ¿Hay algo que puedas hacer, por pequeño que sea, para que tu familia y tú estéis mejor preparados ante cualquier adversidad? (Por ejemplo, guardar una linterna al lado de la puerta en caso de apagón o tener una lista de números de emergencia en un lugar accesible).

La limpieza de la casa como método para mantener el equilibrio personal y familiar

- ¿Qué actitud tenías hacia las tareas del hogar cuando eras más joven? ¿Cómo cambió esa actitud al crecer?

- ¿Quién te enseñó a limpiar y a ordenar tus cosas? ¿Tus padres o abuelos? ¿Un hermano? ¿Tu pareja?

- ¿Qué ocurre si consideras el acto de limpiar la casa como una forma de honrar a quien te enseñó a hacerlo?

Una casa en armonía con la naturaleza

- Como el jarrón con la ramita de ciruelo en flor que viste al «visitar» el hogar de la familia Tanaka, ¿por qué no colocas un recipiente con flores frescas en la entrada para dar la bienvenida a tus invitados?

- Hay muchas formas fáciles y divertidas de equilibrarnos con la naturaleza. Cuando era pequeña, mi hermana y yo participábamos en una tradición anual llamada *momiji gari*, que consiste en ir al bosque y buscar las hojas caídas más bonitas. ¿Qué te parecería salir de expedición como en *momiji gari*? ¿Qué recogerías?

2

Cumplir con nuestra parte

> «El pilar olvidado tiene la fuerza
> para mantener en pie el hogar.»
> PROVERBIO JAPONÉS

Madre. Padre. Esposa. Marido. Hija. Hijo. El papel dentro de la familia que supuestamente nos asignaron al nacer está en constante cambio. Muchas veces los cambios son a mejor; por ejemplo, cada vez tengo más amigos que comparten el cuidado de sus hijos de manera equitativa, y ahora es más fácil para la mujer hallar el equilibrio entre la vida laboral y la familiar. Pero, para muchos de nosotros, todavía es difícil gestionar las obligaciones que la vida moderna nos impone; no es sencillo reconciliar nuestro «yo» auténtico con nuestras responsabilidades familiares.

La filosofía del *chōwa* nos ayuda a gestionar esas responsabilidades contradictorias. La armonía familiar en el sentido japonés tradicional nos plantea la siguiente pregunta: «¿Cómo puedo ayudar?». Eso conlleva adaptar nuestro papel y nuestras acciones para complementar a los demás miembros de la familia. En resumen, pensar en nosotros mismos como parte de un todo. De mis padres aprendí casi todo lo que sé sobre el cuidado de los hijos y las obligaciones con la familia. Sin embargo, gracias a la experiencia de vivir entre dos países, Japón y Reino Unido, he aprendido a incorporar la flexibilidad y la diversión a la vida familiar, además de ser más realista en cuanto a lo que me exijo a mí misma. Es un ejercicio de equilibrio que solo comprendí de verdad cuando crie a mi propia hija.

Estas son las enseñanzas del *chōwa* que trataremos en el segundo capítulo:

- **Piensa en tu papel dentro de la familia como en un ejercicio de equilibrio.** Para formar parte de una familia en armonía, tenemos que adaptar a ella nuestro «papel» y nuestras responsabilidades, a los que a menudo nos aferramos demasiado. Insistiremos menos en lo que se espera de nosotros y nos centraremos en lo que podemos aportar desde un punto de vista realista.

- **Encuentra la armonía dentro de la vida familiar.** Es más que posible disfrutar de nuestro papel, incorporar el espíritu del *chōwa* a nuestras relaciones, dejarnos llevar y, a la vez, honrar todo lo que nos han inculcado. Para ello, reemplazaremos palabras como «compromiso» y «sacrificio» por otros términos, como «complementar» y «cuidar» los unos de los otros.

- **Ten una imagen más clara tanto tuya como de los demás.** El *chōwa* nos enseña a ser más conscientes de lo que exigimos al resto de la familia, pero también es importante que seamos más permisivos con nosotros mismos. Cuando la vida nos presente un desafío, debemos aprender a dar un paso atrás y a observar la situación con la mayor objetividad posible. Solo entonces tendremos en cuenta nuestro equilibrio personal, algo que olvidamos con frecuencia cuando nos vemos inmersos en la vida familiar. No siempre es fácil vivir con los demás, da igual lo mucho que los queramos; a veces necesitamos un poco de espacio para averiguar qué cambios positivos podemos introducir en nuestra vida.

La casa en la que me crie

Aunque pasé gran parte de mi infancia en la casa familiar de los Tanaka y en los terrenos que la rodean, en realidad no me crie ahí; esa casa era de mi tío y de su familia. Como mi padre no era el hijo mayor, no heredó el hogar, las tierras ni la fortuna familiar. Tal y como dicta la tradición, todo eso pasó a mi tío, que era el primogénito. Para explicar con mayor profundidad la relación entre el *chōwa* y el día a día en la vida familiar, tendrás que acompañarme a otro lugar...

Seguimos en la casa de la familia Tanaka. Te despiertas muy temprano, doblas el futón y lo guardas sin hacer ruido. Luego recorres el pasillo hacia el *genkan,* donde dejaste los zapatos. Te los pones, deslizas la puerta corredera de la entrada y empiezas el camino de vuelta, no sin antes cerrar con cuidado detrás de ti. Dejas atrás el cementerio cubierto de vegetación y continúas por un camino ancho que se extiende hasta donde alcanza la vista, rodeado de campos de arroz entre los que se arremolina la niebla. Después de unos minutos caminando a paso ligero, pasas por delante de aquella pequeña granja que viste al principio del viaje. Esa era la granja de mi abuela, y fue allí donde creció mi madre.

Un poco más adelante, por el mismo camino, llegarás a una casa de dos pisos, algo más pequeña. Es la primera de una hilera de casas parecidas, separadas unos ciento ochenta metros unas de otras.

Esa es la casa en la que me crie.

Encuentra el equilibrio entre tu rol en la familia y tu auténtico yo

En el hogar, a veces nos vemos obligados a tomar decisiones muy difíciles. Queremos ser nosotros mismos y desarrollar todo nuestro potencial, pero también sentimos que, como padres o como pareja, tenemos ciertas responsabilidades, un papel dentro de la unidad familiar (ya sea el de sargento con mano de hierro o el de organizador). A veces, nos parece que somos la única persona que mantiene la casa a flote. Invertimos tanta energía en desempeñar ese papel que pensamos que no nos quedan fuerzas para dedicarnos un poco de tiempo a nosotros mismos. Y no sabemos cómo solucionarlo, porque esas responsabilidades nos parecen vitales; alguien tiene que hacer cumplir las reglas, organizar la casa, traer el equilibrio y la armonía al hogar…

Voy a enseñarte una palabra en japonés que describe a la perfección ese equilibrio al que todos aspiramos, independientemente del modelo familiar:

自分
ji-bun

Estos dos caracteres significan literalmente «la parte propia» (en el sentido de que hay una parte propia, nosotros, que forma parte de un todo).

Esta palabra contiene un mensaje muy importante en relación con la filosofía del *chōwa:* todo lo que hacemos lo llevamos a cabo dentro del contexto de nuestras relaciones personales, como parte de un delicado equilibrio que negociamos continuamente con los demás, sobre todo dentro del ámbito familiar, donde siempre interpretamos algún papel. Si nuestra familia fuera distinta, nuestro papel sería otro. En cierto modo, el término *ji-bun* refleja dos significados distintos de la palabra «parte». Por un lado, cada uno de nosotros es una «parte» de un todo, pero, por otro lado, dentro de la familia, cada uno debe cumplir con su «parte», es decir, cada uno tiene un cometido, un *papel*.

Esta palabra japonesa para referirse al «yo» nos ayuda a encontrar el equilibrio en nuestras relaciones familiares. Hoy en día, se hace mucho hincapié en la importancia de ser fieles a nosotros mismos, pero, si comprendemos que solo somos una parte de un todo («la parte propia»), entenderemos que la línea que separa nuestro yo auténtico y el papel que desempeñamos (es decir, nuestro rol en la sociedad o en la familia) es más delgada de lo que creíamos. Después de todo, ¿qué es el «yo», sino un eterno baile entre lo que debemos a los demás y lo que nos debemos a nosotros mismos? Es una lucha interminable para cumplir con nuestras obligaciones hacia los demás sin prescindir de la espontaneidad y el placer.

La palabra *ji-bun* nos enseña que el «yo» es más que la parte de un todo. También es una fuerza armonizadora dentro de un todo a veces fracturado.[15]

Signos externos de nuestro compromiso interno • Igual que a muchos otros niños de mi generación, me educaron de acuerdo con un estricto código de disciplina. El carácter para la palabra «disciplina» es este:

躾
shitsuke

Este carácter se forma combinando los símbolos de:

* cuerpo, postura o actitud (身) y
* bello, correcto, adecuado (美).

Más adelante, reflexionaremos sobre los conceptos que hay detrás de este carácter, puesto que está estrechamente ligado a la idea del *chōwa*. Aunque es imposible ver con nuestros propios ojos la mentalidad de una persona, podemos reconocer la disciplina que hay en su mente a través de su comportamiento, sus palabras y sus actos. Nuestro cuerpo, todo lo que hacemos a lo largo de nuestra vida, debería ser un reflejo de nuestra mente. La única forma de demostrar a los demás la grandeza de nuestro carácter es que lo que hacemos, decimos y pensamos esté en armonía.

Somos lo que hacemos. Llegar puntuales a una cita, volver a casa temprano para estar con nuestros hijos, sacar tiempo para ponernos al día con nuestros amigos de siempre... La suma de nuestros actos determina nuestro carácter más que lo que decimos o lo que planeamos hacer.

Deja que tus hijos se enfrenten a algún desafío • Imagina que te he invitado a la casa en la que me crie, esa vivienda más pequeña y modesta que está de camino al hogar de la familia Tanaka. Cuando llegas, te quitas los zapatos y los colocas delante del escalón de la entrada, igual que hiciste la vez anterior.

Nada más entrar en el pasillo de madera, te encuentras, colgado en la pared, el pergamino favorito de mi padre. La imagen representa a un tigre que lleva a su cachorro en la boca. Debajo hay escritos tres caracteres, que son el lema de nuestra familia: «Fuerza, esplendor y belleza».

強く	明るく	美しく
tsuyoku	*akaruku*	*utsukushiku*

La escena que aparece en el rollo de pergamino forma parte de un cuento popular muy conocido. Un tigre lleva a su cría hasta el borde de un precipicio. Allí, relaja lentamente la mandíbula y deja que caiga pendiente abajo. Si la pequeña no consigue volver a la cima trepando, es que no era lo bastante fuerte como para sobrevivir.

Soy consciente de que tanto la imagen como la fábula y las ideas que promueve son un tanto impactantes, pero en aquel entonces mi padre iba a contracorriente, sobre todo en la educación de sus hijas. Él no quería que nos limitásemos a ser «bellas» o «resplandecientes», por lo que nos enseñaba a ser fuertes. Por eso me preparó para los desafíos de la vida real, para que, llegado el momento, mantuviera la cabeza bien alta y no mostrase miedo.

Los desafíos pueden ser positivos. No hace falta que sometamos a nuestros hijos a una educación tan cruel como la de este cuento tradicional. De hecho, algunas de las pruebas a las que mi padre nos sometió a mi hermana y a mí (como encerrarnos en un armario cuando replicábamos) no las utilizaría para educar a mi propia hija. No obstante, un desafío no tiene por qué imponerse en forma de castigo, sino que puede ser un reto positivo. Por ejemplo, el origami, el arte japonés de doblar papel para crear figuras, se aprende en unas pocas horas, pero dominarlo requiere toda una vida de dedicación. Aunque a veces resulte complejo (diabólico incluso, cuando uno empieza), es un desafío perfecto para un niño pequeño, porque estimula tanto la movilidad de los dedos como la inteligencia, y los niños aprenden los fundamentos de la geometría mientras se divierten.

Fomenta la calma en el hogar • Hay algo en el bullicio que generan los niños cuando se lo están pasando bien que me resulta encantador; no comparto la opinión de que a los niños se les debe ver, pero no oír. Con esto me refiero a que hay que cultivar una atmósfera general de tranquilidad dentro de la casa, lo que depende tanto de los adultos como de los niños, porque los pequeños de la casa imitan todo lo que ven. Si yo perdiera los nervios, mi hija no tardaría en utilizar mis propias palabras contra mí. Por eso, a la hora de educarla, no solo le decía lo que podía o no podía hacer, sino que actuaba delante de ella con la mayor calma y tranquilidad posible, para que observara y aprendiera de mí. Quería ser un buen ejemplo para ella. Introducir a un niño en el ejercicio de mirar y aprender es una forma estupenda de prepararlo para la vida fuera del hogar (para estudiar en silencio, jugar con los demás sin que estalle un conflicto, etc.). Cuando vivimos con otras personas, es importante tener la mente tranquila y despejada para enfrentarnos a una conversación difícil, resolver alguna disputa o compartir un momento de tristeza o alegría. Llevar la calma al hogar es una parte fundamental a la hora de crear un ambiente apacible en el que relajarnos y hablar unos con otros.

Disfruta del papel que desempeñas • Estar siempre detrás de los hijos para que recojan sus cosas, hagan los deberes y se porten bien es agotador. Sé que mi padre invertía muchísimo esfuerzo en interpretar el papel del samurái estricto, pero los momentos que recuerdo con más cariño son aquellos en los que mostraba qué había detrás de esa máscara.

Todos los años, justo antes de la llegada de la primavera, celebrábamos el *Setsubun*. Si nos hubieras visitado uno de esos días de febrero, nos habrías oído a mi hermana, a mi madre y a mí gritar *«Fuku wa uchi, oni wa soto»*. *Fuku wa uchi* significa «buena suerte, entra». *Oni wa soto* quiere decir «demonios, quedaos fuera».

Es tradición que el padre se ponga una máscara y finja ser un temible demonio. Los niños y la madre le arrojan puñados de semillas de soja mientras él intenta escapar. Una vez se consigue «expulsar» al demonio, todos juntos limpian la casa.

Aún recuerdo cómo atacábamos a mi padre con los granos de soja mientras él rugía como un demonio. Le tirábamos las semillas lo más fuerte que podíamos y, cuando se quitaba la máscara, tenía lágrimas en los ojos. Yo pensaba que le habíamos hecho daño, pero en realidad lloraba de risa por las muecas de concentración en nuestras caritas infantiles.

Mi padre interpretó el papel de padre sargento durante toda su vida. Cuando recuerdo su rostro sudoroso emergiendo detrás de la máscara, pienso en cómo se esforzaba día tras día para no salirse de su personaje. Ten en mente estas reflexiones cuando te pongas la máscara para interpretar tu papel:

No te metas demasiado en tu papel. Cuando interpretes el papel de la pareja, el padre o la madre «ideal», sé consciente de que somos una mezcla de lo que nuestros padres nos han enseñado y de lo que hemos aprendido de los demás. Construimos nuestra propia identidad sobre la marcha, por eso no nos vendría nada mal tomarnos nuestro papel un poco menos en serio.

No seas testarudo. A veces nos convencemos de que es nuestra obligación aportar algo a la familia (por ejemplo, llevar las cuentas, planificar los viajes o cocinar). Seguramente lo hagamos con buenas intenciones, porque queremos dar lo mejor de nosotros mismos, pero lo que empieza como un buen propósito al final se convierte en algo completamente distinto: en una forma, no de servir a nuestra familia, sino de aislarnos a nosotros mismos. «Soy *el único* que sabe planificar las vacaciones». «Soy *la única* que puede ocuparse de los asuntos económicos». Pero, para que haya armonía en el núcleo familiar, también se requiere cierto equilibrio; hay que escuchar a los demás y tener en cuenta sus opiniones. Si un miembro de la familia se niega a entrar en razón, no le presiones, reformula tus críticas para fomentar el diálogo. Por ejemplo, empieza así: «Entiendo tu punto de vista, pero…». De esta forma, consigues que la otra persona se dé cuenta de lo absurdas que eran su arrogancia y su terquedad.

Asume tu responsabilidad cuando te equivoques. Desperdiciamos muchísima energía en ser estrictos, en tener razón, en querer controlarlo todo. No tengas miedo de admitir tus errores delante de tus hijos o de pedir perdón si has levantado la voz. Es en esos momentos de vulnerabilidad cuando mostramos lo que hay detrás de la máscara. Solo entonces, padres e hijos se relacionan de igual a igual y se fortalece la confianza mutua.

El espíritu del samurái: sirve a tu familia y sírvete a ti • Cuando piensas en el término «samurái», seguramente lo primero que te viene a la cabeza es la imagen de un guerrero japonés, con el típico moño alto, que cabalga hacia la batalla, katana en mano, como en la película de Kurosawa *Los siete samuráis*. Lo que quizá no sepas es que la palabra «samurái» proviene del término japonés *saburo,* que significa «servir».

Aunque los valores que caracterizan a los samuráis se asocian por tradición a los hombres, recurro a ellos para hablaros de mi madre. Como dije al principio, la familia Tanaka desciende del samurái que sirvió al guerrero y poeta Ōta Dōkan. En la época de los samuráis, los hombres no eran los únicos que aprendían artes marciales y cultivaban sus habilidades para defender el hogar o comandar un ejército en caso de que sus padres o maridos cayeran en combate. También las mujeres, en ciertos casos, tomaban las armas y defendían a los suyos. A mi madre no la educaron en el manejo de la espada ni en las tácticas militares, pero sí en estos principios. De hecho, una vez nos contó que ella y sus compañeros de clase guardaban lanzas afiladas de bambú en una esquina del aula por si las fuerzas enemigas invadían Japón, de modo que estuvieran preparados para acudir al campo de batalla y, si fuera necesario, morir con honor.

A lo largo de mi vida, he intentado asimilar parte del espíritu samurái de mi madre, y me gustaría compartir con vosotros lo que aprendí de ella sobre cómo servir a la familia sin olvidarme de mí misma.

Renueva tu compromiso hacia los demás. Como todas las parejas, mis padres tenían sus diferencias y, aunque ella no siempre llevaba razón, la mayoría de las discusiones estallaban por alguna falta que hubiera cometido mi padre o por su carácter autoritario. Sin embargo, todos los años, el día de Año Nuevo, llevábamos a cabo un ritual de perdón en el que dejábamos a un lado todo lo malo del año que terminaba para empezar de cero. Mi padre, como «cabeza de familia», sacudía sobre nuestras cabezas un palo de bambú al que había atado un papel en blanco, obtenido en el templo sintoísta más cercano, y nos bendecía con él. Esta es una tradición japonesa para expulsar a los demonios y borrar todo lo negativo que albergamos dentro de nosotros. Una vez completado el ritual, cada uno de los hijos debe inclinarse ante su padre como muestra de respeto. Siempre me sorprendía que, después de que mi padre perdonara nuestros malos actos, mi madre tomaba el bambú y lo sacudía por encima de él. Yo me preguntaba qué le perdonaba a mi padre para pasar página. Había años en los que mi padre inclinaba la cabeza un poco más de lo habitual mientras mi madre sacudía el bambú sobre él, a veces en actitud juguetona, pero otras con el rostro completamente serio, como si tuviera que saldar más de una deuda. Era un acto anual de purificación, un ritual de perdón y renovación.

Para celebrar el nacimiento del nuevo año, los miembros de las familias se felicitan unos a otros con la siguiente fórmula: «*Kotoshi mo yoroshiku onegaishimasu*», que significa «por favor, sigue cuidando de mí este año». La considero una tradición muy poderosa, porque es una frase que decimos tanto los hijos a los padres como los padres a los hijos. La convivencia en familia no siempre es fácil, y relacionarse con nosotros mismos tampoco, pero creo firmemente en el poder reparador de estos rituales y de la promesa de cuidar un año más los unos de los otros.

Deberíamos practicarlos más a menudo, tanto la parte en la que perdonamos y expulsamos lo negativo como en la que prometemos querer a la familia.

No tengas miedo de pedir ayuda. Mi madre es la persona a la que más le cuesta aceptar la ayuda. Sin embargo, ahora que mi hermana y yo somos adultas, ha aprendido a relajarse un poco; y, en parte, ha sido gracias a nosotras. Considero que hemos sido buenas hijas y, cada vez que vuelvo a Japón, le echo una mano con las tareas de la casa, sean las que sean. Ella está encantada de que la visite más a menudo que la hija de los vecinos, que trabaja en Tokio, a unas pocas horas de allí. Además de aceptar la ayuda de sus hijas, mi madre también se apoya más que antes en la comunidad. Su pueblo se caracteriza por cuidar de sus mayores. Cuando visito a mi madre, siempre me sorprenden los anuncios en los que se pide la colaboración de los vecinos para ayudar a una anciana que a veces se pierde y comprobar que a nadie le importa lo más mínimo ayudarla. También me encanta el sonido del camión que reparte tofu fresco de casa en casa. Hace poco, mi madre asumió la presidencia de la asociación de personas mayores del pueblo y empezó a llevar las cuentas. Además de ser de gran ayuda para la organización, también es bueno para ella, porque así ejercita la mente y disfruta de la compañía de otras personas.

Comparte el peso de las tareas domésticas. El *chōwa* nos enseña que la observación (saber qué se necesita) es el primer paso para alcanzar un equilibrio auténtico. Ya sea con nuestra pareja, en una familia numerosa o con nuestros compañeros de piso, no es raro que una sola persona se ocupe de más tareas que el resto. Haz una lista de todo lo que hay que hacer y divide las labores de forma que roten cada semana y todos experimenten la carga de trabajo de cada tarea del hogar. Recuerda que el trabajo de la casa no tiene género, que no hay «tareas de mujeres» ni «tareas de hombres», solo «trabajo». A veces, la ayuda en las tareas de la casa adopta formas de lo más inesperadas. En mi última visita a Japón me compré un robot de limpieza para llevármelo a Inglaterra. Mi madre, que al principio se mostraba escéptica (hablamos de una mujer que nunca ha tenido un lavavajillas), le cogió mucho cariño a ese robot, al que apodó Kuriko-chan. *Kuri* significa limpiar y *ko* es una terminación habitual de los nombres femeninos. *Chan* es el sufijo para referirnos a los niños con los que tenemos una relación cercana. Yo, desde luego, me siento muy unida a mi pequeño robot de limpieza. Ahora mismo está limpiando el suelo de mi despacho de Londres. De hecho, acabo de levantar los pies para que aspire las pelusas que se arremolinan debajo del escritorio.

Lucha por tu derecho a unas vacaciones. La jornada laboral de mi padre en la empresa de transportes en la que trabajaba era larguísima. Si el jefe decidía quedarse hasta tarde, los empleados también debían hacer horas extras. Además, es costumbre que los trabajadores vayan juntos a tomarse una copa cuando acaba la jornada, así que mi padre iba con ellos aunque no le apeteciera. Volvía tarde casi todos los días, a pesar de que madrugaba al día siguiente. Mantener ese ritmo de trabajo le habría resultado imposible de no ser por mi madre, que trabajaba igual de duro en casa. Era un equilibrio, sí, pero no el tipo de equilibrio que querríamos alcanzar hoy en día.

Mi madre hacía todo lo posible por ayudar a mi padre, casi siempre sin una sola queja, pero, con los años, me fijé en cómo salía a relucir su parte samurái, ese deseo irrefrenable de ser más independiente. Presenciamos los primeros indicios de ese espíritu indomable cuando empezó a defender sus derechos con un poco más de firmeza.

Cuando mi hermana y yo nos independizamos, su parte samurái surgió de las formas más inesperadas. Por ejemplo, cuando éramos pequeñas, a mi madre no le gustaban las vacaciones familiares. Como esposa y ama de casa, se esperaba de ella que sirviera a mi padre, que atendiera todos sus caprichos e incluso que le llevara el equipaje. Pero cuando mi hermana y yo nos marchamos de casa, se negó a continuar por ese camino. Le dijo a mi padre que no pasaría por aquello nunca más y que en las siguientes vacaciones se iría con sus amigas. Era un pequeño acto de rebeldía, pero un gran paso para compensar ese equilibrio precario que la asfixiaba.

Analiza tu vida desde una perspectiva distinta. El *chōwa*, la búsqueda del equilibrio, requiere que abramos bien los ojos ante lo que ocurre a nuestro alrededor. A veces debemos observar nuestra vida desde fuera y buscar una respuesta objetiva al siguiente planteamiento: «¿Cómo puedo traer el equilibrio a mi vida?». Responder a esta pregunta no siempre es fácil.

Hay un proverbio japonés que dice así: «Una rana que vive en un pozo no sabe nada del océano». Me acuerdo de él cuando pienso en las relaciones complicadas que he tenido o en las de mis amigos.

Hay momentos en los que uno se siente como esa rana atrapada en el pozo: debe seguir adelante con su vida a pesar de que no es feliz, y sabe que, si no escapa pronto, se ahogará. El problema es que no sabemos cómo salir del pozo. Igual que la rana del refrán, nos damos de bruces con la pared. Quizá esos saltos solo sean pequeños intentos de cambiar nuestra situación; aunque al principio parecen funcionar, a la larga no nos llevan a ningún lado y nos dejan más cansados que antes.

A veces necesitamos a alguien a quien explicar nuestra situación. Eso es lo que más nos cuesta, pedir ayuda cuando estamos en el fondo del pozo. Hablar con alguien de confianza nos ofrece una nueva perspectiva y, a menudo, es la única manera de comprender hasta qué punto hemos perdido el equilibrio en nuestra vida.

En algunos casos, es posible descubrir esa nueva perspectiva por nuestra cuenta. Observa tu vida desde arriba, igual que el sol o la luna observan la superficie terrestre. Imagina que flotas en el cielo y que desde ahí ves todo lo que haces en tu día a día. Aléjate y analízalo todo con la mayor objetividad posible. Si lo haces, advertirás que este simple ejercicio de imaginación te aporta cierta calma, como si hubieras recuperado un poco el control de tu vida. Has dejado de luchar, has dejado de saltar contra las paredes como esa rana metafórica y ya empiezas a ver lo que ocurre en tu vida con más claridad.

Es el momento de preguntarte qué cambios necesitas.

Enseñanzas del *chōwa*: encontrar el equilibrio dentro de la familia

* Sea cual sea tu género, desempeñes el papel que desempeñes, ya sea el de organizador, el de sargento, el del vago o el pragmático, mantendrás una relación mucho más sana con tu familia si te desprendes un poco de ese papel que te han asignado, o que tú has elegido, y piensas más en cómo complementar mejor a tu pareja, al resto de tu familia o a tus amistades.

- Olvida el papel que te autoimpones.

- En lugar de eso, céntrate en lo que puedes hacer para alcanzar un equilibrio auténtico.

- Haz de tu papel un trabajo menos estricto, suavízalo con un poco de humor; no pasa nada por mostrar lo que hay detrás de la máscara.

- ¿Qué te dices a ti mismo sobre cómo eres? ¿Hay alguna parte de ti que te gustar sacar más a la luz?

- ¿Qué situaciones te permiten mostrar tu poeta o tu samurái interior? ¿Cuándo aflora tu lado más sensible?

- ¿Hay alguna forma de repartir de manera equitativa las tareas del hogar para crear un equilibrio más justo entre los miembros de tu familia o entre tus compañeros de piso?

- Recuerda que esforzarte siempre al máximo para darle a tu familia lo mejor de ti es agotador y que la mayoría de las veces somos nuestro peor enemigo.

- Lucha por tu derecho a unas vacaciones, aunque sea un día libre.

- Busca aliados, tanto dentro como fuera de la familia, con los que hablar sobre los problemas que surjan.

El equilibrio dentro de la economía familiar

«Ganar dinero se asemeja a cavar un hoyo con una aguja,
pero desaparece como el agua en la arena.»
PROVERBIO JAPONÉS

Para muchos, el dinero es la principal fuente de estrés y ansiedad en el día a día. Ha habido épocas en las que no tenía motivos para preocuparme por mi situación económica porque contaba con el apoyo de mi familia y mi marido o con el dinero que ganaba en la academia de inglés que tenía en Tokio. Sin embargo, incluso en esos tiempos, alguna vez me despertaba en mitad de la noche, angustiada por lo que pasaría si no tuviera la ayuda de mis seres queridos o si el éxito que había cosechado con mi negocio se esfumara. También ha habido épocas en las que he tenido problemas económicos, como cuando me mudé a Inglaterra, un tiempo en que me costaba llegar a fin de mes. Daba igual lo holgada o penosa que fuera mi situación financiera, pensar que no me ocupaba lo suficiente de los asuntos económicos siempre me producía ansiedad. Creo que es algo bastante común. Es imprescindible saber de dónde viene y adónde va nuestro dinero para estar en armonía con nuestras finanzas. ¿Cuánto ganamos? ¿Cuánto gastamos? ¿Cuánto estamos ahorrando? ¿Cómo queremos utilizar nuestro dinero? ¿Qué es lo peor que podría pasar, cómo actuaríamos frente a una catástrofe?

Si aplicamos la filosofía del *chōwa* a nuestros hábitos económicos, como hemos hecho con la casa y con la familia, nos será más fácil encontrar un equilibrio financiero. Si nos metemos en el papel del contable encargado de cuadrar las cuentas, de «equilibrar» la balanza, controlaremos mejor la situación.

Estas son algunas de las claves para conseguirlo que desentrañaremos a lo largo de este capítulo:

- **Ahorrar nos acerca al equilibrio.** A veces, ahorrar es tan sencillo como percibir el flujo de dinero que entra y sale. Mi consejo es que te fijes un objetivo para ahorrar un poco cada mes, lo que te impulsará a ordenar los gastos según tus prioridades.

- **Acumula menos, regala más.** La filosofía del *chōwa* consiste en vivir en armonía con los demás. Si nos replanteásemos cómo nos relacionamos con nuestras posesiones y aprendiésemos a compartirlas, construiríamos a nuestro alrededor una comunidad más fuerte y sostenible. Además, encontrar el equilibrio monetario es mucho más sencillo cuando tenemos menos activos que cuadrar en las cuentas.

Kakebo: la contabilidad financiera del hogar

Imagina que seguimos en la casa de mi familia, en Musashi. Es de noche y se ha hecho tarde, son casi las doce. Hablamos tranquilamente en la cocina, delante de una taza de té. Casi no nos damos cuenta de que mi madre ha entrado en el comedor, se ha sentado en la mesa baja con las piernas cruzadas y ha sacado un librito. Si nos acercásemos para ver en qué anda metida, nos la encontraríamos rodeada de recibos y facturas mientras garabatea números en su libreta.

Cuando le preguntásemos qué hace, nos diría que está calculando la diferencia entre los ingresos y los gastos del último mes. Ese es el primer paso (y el más importante) para alcanzar el equilibrio en la economía familiar. El método que mi madre utiliza, y el propio libro en el que lo apunta todo, se llama *kakebo*. Es el libro de cuentas de la economía familiar.

La creación del *kakebo* fue idea de la periodista y escritora Motoko Hani, la primera mujer que se hizo famosa en Japón por su carrera periodística. Hani publicó este sistema de contabilidad doméstica en 1904 y, desde entonces, los kakebo no han abandonado nunca las listas de libros más vendidos.[16]

¿Es solo otra tarea doméstica?

Llevar las cuentas de la familia, ¿es solo otra de las muchas y tediosas tareas del hogar o se trata de uno de los hábitos más útiles?

Uno de los principales motivos que conducen a los japoneses a tener un *kakebo* es que nunca saben cuándo se producirá un cambio drástico en sus vidas, por lo que siempre es aconsejable tener un pequeño colchón para cualquier sorpresa (agradable o desagradable): un regalo para una boda, un nuevo miembro en la familia, una fiesta sorpresa de bienvenida para un amigo, cualquier gasto sanitario, un tropiezo en la vida laboral e incluso los costes del funeral de un pariente cercano. Mi madre apartaba todo lo que podía, desde las monedas hasta los bonus que recibiera mi padre en el trabajo, y lo guardaba en el *hesokuri* (el bote para las emergencias).

Tradicionalmente, en las familias japonesas (aunque hoy en día la situación no ha cambiado mucho) es la mujer quien gestiona los gastos del hogar. Dentro de estos gastos se incluye el *kozukai,* el presupuesto destinado a su marido, una especie de paga para sus gastos personales. Esta costumbre no se considera un castigo hacia el esposo, sino una forma de mantener el equilibrio económico, de tomar las decisiones dentro de la tranquilidad del hogar y no de forma individual y espontánea. Mi madre siempre sabía el dinero exacto que entraba y salía de casa, y cada semana le pedía a mi padre los recibos que tuviera, como si de un diligente contable se tratara. El *chōwa* nos enseña que, cuando buscamos el equilibrio, investigar y reconocer el terreno antes de actuar es el paso más importante.

Kakebo para principiantes

1. Organiza tus ingresos y tus gastos

• Al inicio de cada mes, apunta tus ingresos (es decir, lo que ganas), así como los gastos fijos (todos aquellos de los que no puedes prescindir, como el alquiler o la hipoteca, el teléfono, el seguro, el abono de transporte, el cuidado de los niños, la gasolina y otros gastos relacionados con el coche y la alimentación).

• Calcula la diferencia entre los ingresos y los gastos fijos para hacerte una idea del dinero con el que cuentas ese mes.

• Pon a prueba tu creatividad y piensa en algo que te motive para ahorrar, como irte de viaje o darte un capricho.

• Apunta la cantidad que quieres ahorrar, pero sé realista. Al escribirlo a mano, confieres cierta disciplina a tu meta, lo que te ayudará a alcanzar el objetivo. Además, siempre viene bien aspirar a algo en concreto.

- Ya puedes crear tu propio presupuesto mensual. Recuerda:

La diferencia entre los ingresos y gastos fijos — la cantidad que quieres ahorrar cada mes = tu presupuesto mensual.

2. Apunta los gastos mensuales

A lo largo del mes siguiente, anota todo el dinero que gastas en distintas categorías. Puedes hacerlo en una hoja de Excel de cuatro columnas, pero escribirlo a mano lo hace más real y personal, por eso los *kakebo* son tan útiles. En un *kakebo* encontrarás las categorías divididas, igual que en las aplicaciones de ahorro para *smartphone,* de la siguiente manera:

- Imprescindibles: comida, salud, educación de los hijos.

- Caprichos: bebidas, comidas fuera de casa, ropa.

- Cultura: libros, música, cine, teatro, revistas, clases de yoga.

- Varios: gastos puntuales para reparaciones, muebles o regalos.

3. Calcula cuánto has ahorrado

Al final de cada mes, anota la diferencia entre el presupuesto inicial y todos los gastos que has tenido. De esta forma, sabrás cuánto has ahorrado. Los fundamentos del *kakebo* son así de sencillos.[17]

Busca la armonía en las cosas más importantes. Ahorra para aquello que te llene de verdad

Cuando planificas tus ahorros cada mes y ves con claridad en qué gastas el dinero, tienes media batalla ganada en lo que a alcanzar el equilibrio financiero se refiere. Pero es muy fácil perder el control sobre los gastos; por ejemplo, si cada mañana nos tomamos un café de camino al trabajo o si nos cuesta decir que no cuando los compañeros de la oficina salen a tomar algo al final de la jornada. La base del *kakebo* es la meta del ahorro, que nos obliga a replantearnos nuestras prioridades. Piensa en lo siguiente:

- ¿Cuál es tu principal incentivo para ahorrar?

- ¿Cuánto tendrías que ahorrar cada mes para alcanzar tu meta esta Navidad? ¿Y para lograrla el verano que viene?

- ¿Cómo empezarías a ahorrar hoy mismo para lo que realmente te importa?

No tengas miedo de decir que no. Establece una meta de ahorro personal. Pueden ser unas vacaciones con los amigos, la entrada para una casa o algún capricho, como ir más a menudo al teatro o al cine. Así, cuando se te presente alguna tentación o te propongan planes (una comida con tus compañeros de trabajo o una noche de fiesta con los amigos), contarás con una mayor capacidad de decisión, puesto que habrás organizado tus prioridades, y más de una vez descubrirás que tu meta de ahorro se impone a los caprichos del día a día.

Hazte responsable de tus metas • Al final de cada mes, comprueba si has cumplido tu objetivo. Si no lo has conseguido,

¿cuál es la causa? ¿Este mes en concreto ha resultado más difícil? ¿A qué se debe? ¿Ha habido algún gasto puntual e inesperado (un arreglo, un mueble que había que cambiar o una celebración) que no habías contemplado en tu presupuesto?

Asume tu responsabilidad, pero tampoco te juzgues con demasiada dureza; la zanahoria (tu meta, la razón por la que estás ahorrando) siempre es un incentivo más útil que castigarte con el palo. Anotar gastos e ingresos en un *kakebo* es como llevar un diario de comidas: no tiene sentido mentir. Al apuntarlo todo, descubrirás dónde está el problema.

Comparte tus metas con tus amigos. No hay mejor manera de responsabilizarte de tus actos. Sentir que tienes un aliado (o alguien con el que competir, si eso es lo que te motiva) supone tanto una ayuda como un alivio en el camino hacia la armonía financiera.

El minimalismo accidental: tener un poco menos para compartir un poco más

Cuantos más años cumple mi madre, menos posesiones necesita y más cosas regala. A mi hija y a mí nos ha dado varios de sus preciosos kimonos antiguos, y ha repartido el resto de sus pertenencias entre sus amigos cercanos.

Cuando me trasladé de Japón al Reino Unido, tuve que plantearme qué consideraba imprescindible, porque me resulta imposible cruzar medio mundo con todas mis posesiones a cuestas. Al final, me llevé los kimonos, algunas fotos familiares y, por supuesto, a mi hija. Cuando el que entonces era mi marido y yo nos mudamos a nuestro nuevo apartamento en Londres, me embargó una sensación maravillosa. Mi nuevo hogar era como un lienzo en blanco.

Mi madre y yo somos «minimalistas por accidente». A la hora de buscar la armonía personal, lo más importante es reflexionar sobre nuestra actitud hacia nuestras posesiones. Si alguna vez te has movido por la ciudad con un niño pequeño y varias bolsas, o si has intentado atravesar las barreras del metro y encontrar tu tarjeta de transporte sin que se te caiga nada al suelo, seguro que me entiendes cuando digo que, cuanto menos llevamos encima, más fácil es encontrar cierta estabilidad.

Los cambios importantes a los que nos somete la vida, como empezar una nueva relación, trasladarse por motivos de trabajo o irse a vivir al extranjero, son mucho más llevaderos cuando no nos sentimos tan atados a nuestras posesiones.[18]

No necesitas bienes materiales para estar a la altura de los demás (ni de tus propias expectativas) • Cuenta la leyenda que el emperador de Japón recibió tres tesoros sagrados del cielo: una espada, un espejo y una joya. La gente de a pie también tiene sus propios «tres tesoros». Por ejemplo, a raíz del *boom* económico que se produjo después de la Segunda Guerra Mundial, la mayoría de los hogares japoneses adquirieron un televisor, una nevera y una lavadora. Estos tres objetos cotidianos mejoraron exponencialmente la vida de las familias. Desde entonces, comprar cosas nuevas ya no es una cuestión de mejorar nuestra vida, sino una forma de demostrar nuestra valía a los demás (y a nosotros mismos). Un móvil nuevo deja patente lo modernos que somos. Un abono a un gimnasio prueba lo mucho que nos importa nuestra forma física.

No te preocupes por demostrar a los demás la clase de persona que eres. Deshazte de todo a lo que te aferras solo para mantener las apariencias. Olvídate de esa chaqueta tan hortera que no te vas a poner nunca o de la novela de la que todo el mundo habla pero que a ti te aburre. Así, te quitarás de encima el peso de competir con los demás y con una versión de ti que no es real. Para encontrar nuestro propio equilibrio, no debemos aferrarnos a las posesiones materiales ni a la imagen que queremos proyectar de nosotros, una imagen que no necesitamos y que no es más que un lastre.

Comparte más • Si pensamos en nuestras posesiones a través de la filosofía del *chōwa*, nos daremos cuenta enseguida de que es imposible alcanzar la armonía sin contar con los demás. Nuestro sentido del equilibrio está ligado tanto a las vidas de las personas que nos rodean como a la propia naturaleza. Formamos parte de un ecosistema inmenso en el que también conviven nuestras pertenencias. Al incluir en nuestras posesiones a las personas que forman parte de nuestra vida, nos abriremos a una economía más social. No pensaremos en nosotros mismos como si fuéramos islas, sino como parte de una comunidad con la que compartir nuestro mundo, y que, a su vez, nos aportará el suyo.

Compartir de forma activa es la base para construir una comunidad. Cuando dejamos de aferrarnos a nuestras posesiones y hacemos partícipes a los demás de lo que nos importa, construimos una comunidad de personas que comparten nuestros intereses. Cuando llegué al Reino Unido, pensaba que no existía una comunidad japonesa, pero, poco a poco, empecé a interactuar con los que me rodeaban: les dejaba mis kimonos, pedía prestado lo que necesitara para la ceremonia del té o regalaba a mis vecinos algún dulce tradicional japonés. Compartir lo que nos importa con los demás es una manera de hacer que nuestra familia crezca y de vivir en armonía.

Enseñanzas del *chōwa*:
armoniza tus cuentas

Tus prioridades

- ¿Hay algo que compres de manera habitual y que disfrutes de verdad? ¿Un café? ¿Una entrada para el cine? ¿Una bebida con tus amigos? ¿Tienes algún hábito que no merezca la pena? ¿Podrías ahorrar ese dinero para gastártelo en algo que te llene mucho más?

- ¿Cuántas suscripciones pagas cada mes? ¿El gimnasio, alguna plataforma de música, series o películas? Ordénalas según tus prioridades. ¿Hay alguna prescindible?

Tu meta de ahorro

- ¿Qué te motiva para ahorrar? ¿Hay algo que ahora no te puedas permitir pero que te gustaría comprar en seis meses o en dos años? Apunta las razones que te empujan a ahorrar, porque serán tu mejor baza para mantener tus cuentas «en armonía».

- Utiliza el método del *kakebo* para establecer una meta de ahorro realista cada mes.

- Cuando termine el mes, comprueba los resultados. Si la meta era demasiado difícil de alcanzar, intenta que la siguiente sea más asequible. Si, por el contrario, has llegado a tu meta sin problemas, plantéate recortar los gastos un poco más. Haz lo que creas necesario para ganar impulso y avanzar hacia tus objetivos.

4

Encuentra tu propio estilo

«Me quito una capa de ropa,
la tiro por encima del hombro.
Ha llegado el momento de cambiarse».
MATSUO BASHŌ (1644–1694)[19]

Cuando era pequeña, mi madre a veces trabajaba desde casa arreglando kimonos y ropa de estilo occidental. Durante una época en la que me sentía alejada de mi hogar y de mi familia, los kimonos se convirtieron en una forma de recordarme quién era. Adquirí la costumbre de salir a la calle con kimono al menos una vez a la semana. Por ejemplo, me ponía un kimono primaveral de colores brillantes para ir con mis amigos al *pub* o un kimono ligero, de verano, si iba en metro. Para mí es un placer compartir la belleza elegante y atemporal de esta prenda con las personas que me rodean. Y aunque para ello tengo que planificar el día con antelación porque moverse con un kimono es un poco más complicado, ver los rostros de sorpresa y admiración de los londinenses hace que merezca la pena. Disfruto mucho al acertar con el atuendo y me enorgullece perpetuar esta tradición. Como es de esperar, no llevo el kimono todos los días, pero este elemento tan característico de la cultura japonesa tiene mucho que enseñarnos sobre moda y estilo. El kimono en sí mismo es una manifestación clara del espíritu del *chōwa,* no solo porque los colores de las telas armonizan a la perfección unos con otros, sino porque, en el fondo, un kimono nos permite vestir en armonía con la naturaleza y reflexionar sobre el impacto que ejerce nuestro estilo en los demás. Cuando nos ponemos un kimono, somos más conscientes de lo que transmitimos con nuestra vestimenta.

No obstante, no creas que las enseñanzas del *chōwa* sobre cómo encontrar nuestro propio estilo hablan de encajar, seguir las normas (o a las masas) o apuntarse a la última moda para no quedarse atrás. Eso no es a lo que me refiero cuando hablo de estar en armonía con los demás. El *chōwa* nos muestra los beneficios de tener confianza y sentirnos orgullosos de lo que nos importa. Vestirse según la filosofía del *chōwa* consiste en preguntarnos a nosotros mismos con qué ropa nos sentimos mejor. No importa lo que te pongas (quizá no te limitas a un único estilo, sino a varios); el *chōwa* nos enseña a pensar en cómo ser fieles a aquello que valoramos, a tener la suficiente confianza en nosotros mismos como para compartir nuestras ideas con los demás y a enorgullecernos de nuestra identidad.

Estas son las claves de lo que veremos en este capítulo:

- **El estilo como método para buscar el equilibrio.** En esta sección compartiré contigo un par de ideas que te ayudarán a desarrollar una sensibilidad artística hacia los colores de tu fondo de armario. Quiero que pienses en el estilo al vestir como en una manifestación del *chōwa,* que busques la armonía en cada uno de tus conjuntos.

- **Cómo encontrar tu lugar en el mundo.** El *chōwa* nos enseña a encontrar nuestro lugar en la naturaleza, a vestirnos en armonía con los demás y a ser fieles a nuestra historia y a nuestras raíces sin perder de vista los aspectos más importantes para cada uno.

- **Haz lo que te apasiona y que te apasione lo que haces.** El *chōwa* nos enseña a reflexionar sobre nuestras fortalezas y a aprovechar lo que tenemos a nuestro alcance; esto puede ser ropa, como una prenda heredada; un rasgo de nuestra personalidad, como tu determinación o tu creatividad; algo que te apasione, como el *anime* o el arte japonés; o incluso tu estación del año o tu color favorito. Para crear un estilo único, no es necesario buscar intereses nuevos, unos que sean más aceptados o atractivos para los demás, sino compartir nuestras pasiones con las personas que nos rodean, sean cuales sean estos intereses. Cuando estamos a gusto con nosotros mismos, nos sentimos más relajados con los demás.

Los kimonos: una moda milenaria

La historia del kimono, palabra que significa «lo que alguien se pone», se remonta a la vestimenta formal de la corte durante el periodo Heian, hace más de 1000 años. No obstante, el kimono tal y como lo conocemos está más relacionado con el *kosode,* una prenda de manga corta característica del periodo Edo, del siglo XVII. En aquella época, lo que más tarde se conocería como «kimono» era un tipo de vestimenta para toda la población, independientemente de la edad, el género o la clase social.

El kimono es una túnica larga, similar a un vestido en forma de T. La longitud de las mangas varía según la persona que lo lleve: las mujeres solteras visten kimonos de mangas largas y amplias, mientras que los kimonos de las mujeres casadas tienen las mangas más cortas. Hoy en día, es común que las mujeres sean las únicas que se visten con un kimono, pero existe una variante unisex, el *yukata* (una prenda ligera de algodón, típica del verano), que también llevan los hombres. Los estampados son muy variados: pueden ser intrincados y llenos de color (algunos representan cuadros o versos famosos) o simples y elegantes. Todos los kimonos se atan a la cintura con un *obi* (una tela de seda, algodón o lino). El corte del kimono no ha cambiado con el tiempo, pero, antes, el estilo, los colores y el valor de las telas determinaban la clase social del que lo llevaba puesto. En el periodo Edo había normas muy complejas que dictaban qué kimono era apropiado para cada persona y estación.

En los años cincuenta y sesenta, el kimono empezó a desaparecer de las concurridas calles de Tokio. La generación de mi madre estaba más interesada en la moda occidental. No obstante, en Occidente el kimono empezó a ejercer una influencia cada vez mayor en la ropa cotidiana. Por ejemplo, en la década de 1920, Elsa Schiaparelli introdujo prendas menos entalladas y de escote envolvente, inspiradas en la silueta del kimono. Los diseños vanguardistas de Yohji Yamamoto en la década de 1980, aunque de color negro y bastante más simples, representan, en esencia, la misma ropa que vestía el pueblo japonés durante el periodo Edo.

Hoy en día, encontramos su influencia en los vestidos de corte rectangular y las camisas de tiendas como Muji y en marcas escandinavas como Cos. Sin duda, se trata de una prenda bastante persistente. En Japón, los diseñadores más jóvenes experimentan con el kimono a través de tendencias y patrones completamente nuevos. En los últimos años, se ha puesto de moda que las chicas vistan el kimono de su madre en ocasiones especiales.[20]

El estilo como método para buscar el equilibrio

El acto de elegir y ponerse un kimono es parte de la búsqueda del equilibrio; se trata de un esfuerzo agotador, aunque gratificante, para que todos los elementos de tu vestimenta estén en armonía. Algunas de las enseñanzas que he aprendido de llevar kimonos también son aplicables a la moda actual.

Encuentra la armonía en cómo te vistes, capa a capa • Si alguna vez tienes la ocasión de leer un clásico japonés como *El libro de la almohada* o *La novela de Genji,* advertirás que las mujeres ocultan el rostro con un abanico o se esconden detrás de un biombo, sobre todo si algún pretendiente anda cerca. La mujer japonesa de esa época (en el periodo Heian, desde el año 794 hasta 1185) cultivaba el dominio de diversas artes tradicionales, como la poesía, la conversación y, por supuesto, el acierto a la hora de vestir. En la corte, a veces, la reputación de una mujer por su buen gusto o un vistazo a través de las puertas *shōji* a cómo había combinado con acierto los colores era suficiente para que se ganara el afecto de un amante potencial. La unión de todas las capas que llevaba (el kimono era una de muchas, aunque parezca sorprendente) ofrecía a la mujer una infinidad de posibilidades para crear combinaciones de colores armoniosas y, en ocasiones, impactantes. También se esperaba de los hombres que supieran combinar la ropa para demostrar su creatividad y sensibilidad, además de su riqueza. Cuando el príncipe Genji apareció en público una primavera vestido con una serie de capas de color rosa y lavanda combinadas a la perfección, causó una auténtica conmoción entre los allí presentes.[21]

Utiliza varias capas de ropa para alcanzar la quintaesencia del estilo japonés. Idear un conjunto mediante el uso de distintas capas es bastante práctico. Si llevas una blusa bonita, aunque sea de un material pensado para el verano, encima de alguna camiseta o prenda similar y añades una chaqueta de abrigo, no condenarás a tus prendas favoritas a languidecer en el armario durante todo el invierno. Cuando combinamos varias capas de ropa es mucho más fácil estar en consonancia con el clima, sea cual sea, porque añadiremos o prescindiremos de cada capa hasta encontrarnos en perfecta armonía.

Utiliza varias capas de ropa para hacer gala de tu buen gusto. Combinar distintos colores y estampados según la época del año y el clima es una manera de demostrar nuestra creatividad y sensibilidad al mundo.

A la hora de vestir, busca la comodidad • Cuando pensamos en qué ponernos, no le otorgamos la suficiente importancia a la comodidad. En Japón, se valora que la prenda parezca hecha a medida, que no sea ni muy estrecha ni muy ancha. Cuando me preguntan si voy cómoda con el kimono, la gente se sorprende de que responda que sí. Es cierto que te obliga a moverte más despacio, pero no es asfixiante como, por ejemplo, los corsés de estilo victoriano. Los kimonos son entallados, pero no oprimen.

Perder el equilibrio o sentir que algo nos ha pillado desprevenidos es tan fácil como no tener a mano lo que necesitamos. Por ejemplo: cuando no encontramos a la primera el billete de metro o cuando vamos en un tren abarrotado y no tenemos un bolso en el que guardar nuestro libro o los documentos importantes que llevamos en la mano. A veces, para hallar el equilibrio en nuestra ropa, basta con priorizar la funcionalidad y el bienestar. Cuando llevo puesto un kimono, guardo el pañuelo y el tarjetero dentro de la manga, y con el *obi* puedo sujetar cartas e incluso un libro pequeño, además de un abanico cuando hace calor.

• ¿Hay alguna prenda de tu armario con la que te sientas preparado para cualquier cosa?

Estética y comodidad: una tensión constante

Cuando te pones un kimono por primera vez, lo más difícil es colocar bien el *obi*. Esta tela, hecha de fibras naturales como algodón, seda o lino, se ata con firmeza alrededor de la cintura. Una vez, mientras mi hija se probaba un kimono, hizo un gesto de sorpresa e incomodidad cuando le ataron el *obi*. La persona que la vestía la reprendió enseguida: «¡No te quejes tanto!».

Pero, aunque parezca contradictorio, la función principal del *obi* es la comodidad. La vida sedentaria, el estar con la cabeza constantemente inclinada mirando el móvil o permanecer sentados delante del ordenador con la espalda encorvada tiene como consecuencia unos hábitos posturales muy dañinos que generan tensión en los músculos de la espalda. La clave para mejorar la postura es intentar que los músculos hagan el mínimo esfuerzo posible. Cuando llevo el *obi* atado con firmeza a la cintura, noto una tensión distinta a la habitual. Me obliga a caminar más erguida, a adoptar la que es nuestra postura natural, aunque la hayamos perdido por pasar el día sentados delante de un escritorio. Cuando siento esa leve presión, pienso: «Esta es la postura correcta».

Cómo cuidar de nuestra ropa • En el primer capítulo hablamos de cómo identificar el tipo de cuidados que necesitaban los distintos materiales de nuestro hogar, ya fuera una alfombra de yute o una mesa de madera. Debemos preservar y cuidar esos materiales para que nos sirvan lo mejor posible. Pues bien, con nuestra ropa aspiramos a una armonía similar.

Para mí, hablar mentalmente con mi ropa y hacer un pacto silencioso con ella se ha convertido en una costumbre. Pienso: «Gracias por tu servicio. Prometo hacer todo lo posible por no ensuciarte y por darte una vida larga y feliz». Cuanto más tiempo dure nuestra ropa, mejor cuidaremos del planeta. Debemos comprar menos ropa y dedicar más tiempo a arreglar la que ya tenemos para no alimentar la industria de la «moda basura». El objetivo es que, para tener siempre ropa limpia y en buen estado, no sea necesario comprar más.

Cuando me quito un kimono, lo cuelgo para que se airee durante la noche. Los kimonos no se lavan con mucha frecuencia; para hacerlo, debes descoser las piezas rectangulares, lavarlas por separado y volverlas a coser. Con un poco de cuidado, mantendremos nuestra ropa, sea del estilo que sea, en perfectas condiciones.

Planifica la jornada con antelación. Recuerda que, cuando hablamos de la armonía en el vestir, el *chō* de *chōwa* también significa «preparación». Comprueba que la ropa está en perfecto estado con tiempo suficiente para reaccionar ante un imprevisto. De esta forma, no correrás el riesgo de descubrir una arruga o un agujero en tus pantalones justo cuando sales por la puerta, porque los habrás examinado la noche anterior.

Trata tus prendas con cariño. Cuando vuelvas a casa al final del día, no las tires de cualquier manera encima de la cama ni dejes que se acumulen en el suelo. Piensa en cómo se siente esa ropa. ¿Crees que le gusta estar sobre una pila en un rincón del armario o que disfruta de colgar hacinada, luchando con el resto de las prendas por un poco más de espacio?

La armonía en el vestir: elige tu ropa según el tiempo, el lugar y la ocasión

Si llevamos un kimono y queremos hacerlo a la manera tradicional, será necesario que consultemos un libro de etiqueta para saber qué tipo de kimono es el adecuado según el tiempo, el lugar y la ocasión.

Estos libros hacen hincapié en que nuestra vestimenta esté en armonía con el entorno:

- Tiempo: piensa en el momento del año en el que te encuentras, en la estación y en el clima.

- Lugar: analiza el sitio al que irás con el kimono.

- Ocasión: plantéate si se trata de un acontecimiento formal o informal o de una celebración especial, como una boda (ten en cuenta a las personas que asistirán).

Estas enseñanzas del *chōwa* que determinan la elección del kimono (estar en armonía con los demás, con la época del año y con el acontecimiento social al que asistamos) encierran algunas ideas útiles para llevar el equilibrio a nuestro armario.

Tiempo: encuentra el equilibrio con la naturaleza • Existen reglas muy estrictas sobre qué kimonos podemos llevar según la época del año. De hecho, hay ciertos kimonos que solo nos ponemos en días muy concretos.

Cuando los japoneses llevamos un kimono, hacemos todo lo posible por estar *shizen ni awaseru* (en armonía con la naturaleza). Espero que los distintos diseños, colores y estampados de los kimonos típicos de cada estación te inspiren para crear nuevas combinaciones:

Invierno: En esta estación se llevan kimonos forrados de colores brillantes, a veces con combinaciones de tonos que contrastan, como un verde oscuro con un naranja brillante o un rojo intenso que nos recuerda a la Navidad en un fondo blanco (para evocar la imagen de unas flores o frutos rojos en la nieve).

Primavera: Las combinaciones de esta época crean una armonía dulce de tonos claros: por ejemplo, rosa con verde y blanco o el amarillo brillante del narciso con un tono más profundo, casi dorado. Durante las primeras semanas de la primavera se utilizan estampados de *ume* (flores de ciruelo) y *sakura* (flores de cerezo). En general, cualquier diseño floral se considera apropiado para lucir durante esta estación.

Verano: Durante la estación más cálida se llevan kimonos de *usumomo* (un tejido translúcido). El verano en Japón es muy caluroso y húmedo, y se cree que los patrones de colores fríos, como el azul hielo (utilizado, por ejemplo, para representar una ola, la lluvia e incluso copos de nieve) provocan una sensación de frescor en quien los observa, como una brisa repentina en un día de bochorno. El verano también es la estación en la que tanto hombres como mujeres se visten con un *yukata,* un tipo de kimono mucho más informal.

Otoño: Los kimonos otoñales están hechos de telas ligeras y, en cuanto a los colores, lo ideal es que recuerden escenas típicas de la estación, como las hojas que caen o los rayos del sol cuando atraviesan las ramas de los árboles, y esto se consigue mediante la combinación de distintos tonos de morados, rojos, naranjas o amarillos.

Una pequeña advertencia: se considera vulgar y de mal gusto llevar, por ejemplo, un kimono con un estampado de flores de cerezo cuando los propios cerezos están en época de floración. En lugar de estar en armonía con el entorno, esta decisión se interpreta como un desafío a la naturaleza; y todo el mundo sabe que la naturaleza siempre gana.

Suelo adelantarme al cambio de ropa cuando se acercan las épocas de primavera y verano. Mis amigos se ríen al verme con ropa veraniega más de una semana antes de que llegue el buen tiempo, pero a mí me gusta acercarles el cambio de temporada.[22]

Que nuestra ropa esté en armonía con la estación no implica que compremos el último «*must*» de la nueva temporada de otoño-invierno o el vestido veraniego más chic. En realidad, la armonía en el vestir nos ayuda a no dejarnos llevar a la primera de cambio por la montaña rusa de la «moda basura». Si queremos inspirarnos en la naturaleza, empezaremos por combinar distintas capas de prendas que ya tengamos, en vez de dejar que las revistas de moda nos digan qué comprar cada nueva temporada. Asómate a la ventana, observa con atención el día que hace y piensa en alguna de tus prendas que pida a gritos salir de la percha. Esto supone un cuidado especial de la ropa que más te gusta para poder utilizarla en cada estación, pero es un esfuerzo que merece la pena por el servicio que esas prendas nos proporcionan año tras año.

Lugar: saca a relucir a tu auténtico yo, vayas donde vayas

En Japón, creemos que cada aspecto de nuestras vidas requiere algo distinto de nosotros, y eso se refleja en nuestra ropa. Es cierto que en las sociedades occidentales sucede algo parecido: la gente va a trabajar en traje y corbata y se pone algo más cómodo cuando llega a casa al final del día. En Japón, no obstante, la diferencia entre la ropa que nos ponemos para interpretar diferentes papeles y para ir a distintos lugares es un poco más pronunciada. Por ejemplo, la vestimenta que elegimos para ir a trabajar es muy formal. En cambio, la ropa de estar por casa se ha pensado, claramente, para facilitar la relajación. Cuando voy a Japón, me cambio de ropa tres veces al día. Quizá te parezca excesivo, pero allí es común, ya que cada prenda está hecha a la medida del lugar al que vamos:

- La ropa de estar por casa se llama *heya-gi*. Son prendas fluidas, amplias e informales; por ejemplo, pantalones de pijama holgados, sudaderas sueltas con capucha, maxivestidos cómodos y batas de algún material especialmente suave. Existen incluso conjuntos para parejas, por si un día os levantáis con ganas de vestir un *look* más adorable de lo normal.

- La ropa de diario se llama *fudan-gi*. Son prendas muy ponibles que buscan la funcionalidad. Es la ropa que llevas para ir a dar un paseo o para quedar con un amigo.

- La ropa del trabajo se llama *shigoto-gi*. Esta ropa tiende hacia un estilo clásico, más formal que en el Reino Unido y otros países occidentales. En la inmensa mayoría de puestos de trabajo es obligatorio que los hombres lleven traje y corbata (y ni se te ocurra innovar con una camisa rosa o una corbata llamativa). Las mujeres tienen que llevar tacones, una falda elegante y sencilla que llegue a la altura de la rodilla y medias de alguna tonalidad neutra.

Todo esto parece un poco restrictivo y, hasta cierto punto, creo que lo es. Cuando la gente piensa en Japón, la primera imagen que les viene a la cabeza es la de largas colas de oficinistas trajeados que esperan el tren de cercanías o la de una clase de estudiantes, todos vestidos de uniforme, sentados en perfecto orden y dispuestos a aprender. Lo cierto es que estos estereotipos esconden una realidad mucho más interesante: la de los japoneses de a pie y su pasión por la ropa.

En Japón, el pueblo llano siempre ha influido en el estilo y la moda. Ni los campesinos vestían con harapos ni los aristócratas eran los únicos que iban a la última moda. Las familias del ámbito rural vestían con ropa de algodón y, en ocasiones, incluso de seda. Hasta los monos de los trabajadores del campo y los delantales de los vendedores ambulantes se diseñaban con esmero. En general, la gente, sin importar su clase social, tenía un gusto muy desarrollado por la belleza y disfrutaban de ropa, tanto la que se destinaba al ocio como la que se llevaba solo en ocasiones especiales o para trabajar. Hoy en día, en los países occidentales, los japoneses se han labrado la fama de tratar con excesivo celo o pretensión su uniforme de trabajo, pero también de ser algo particulares en la elección de una simple corbata y de adoptar un estilo peculiar en su tiempo libre. En parte, esto último se debe a la popularidad de las convenciones de *anime,* en las que algunos asistentes se visten como personajes de *anime* o de videojuegos (este pasatiempo se llama *cosplay,* un término creado a partir de las palabras inglesas *costume* ['disfraz'] y *play* ['interpretar'], y se ha popularizado en todo el mundo). La tradición de disfrazarse proviene del entusiasmo por la moda y el estilo y del orgullo que sentimos por que la ropa que llevamos transmita nuestra forma de vida.[23]

Todos podemos aprender de esta visión más democrática de la moda, que no consiste en dejar que otros nos digan qué ponernos, sino en pensar en nuestro propio estilo desde el respeto: respeto por nosotros mismos y por lo que hacemos. Esta idea apela a nuestra creatividad, pero también a la disciplina, porque ambas son necesarias para adaptar nuestra vestimenta a los distintos ámbitos de nuestra vida, sea cual sea la situación.

La ocasión: vístete para estar en armonía con los demás •
Hay ciertos estampados, como los copos de nieve de color azul pálido o las gotas de lluvia, que tienen un efecto relajante en aquellos que saben apreciar la frescura de estos diseños. Eso es lo que representa el kimono: la intención de transmitir a los demás la proximidad del cambio de estación o de compartir con ellos nuestros propios sentimientos. Una brisa fresca en un día de verano, la belleza efímera de la primavera que se

refleja en las flores de cerezo o la melancolía de las hojas que caen de los árboles en otoño.

Esta idea de vestirse en armonía con los demás le parecerá extraña a más de uno. En Occidente, la moda se emplea muchas veces como reivindicación o transmisor de un mensaje interesante que refleje nuestra individualidad. El *chōwa* no busca erradicar la expresión de la identidad de cada uno, pero nos anima a alejarnos del planteamiento de que la moda solo sirve para «manifestar» algo y la convierte en un vehículo para el intercambio de ideas. Pensar en lo que comunicamos con nuestro atuendo también supone prestar atención a lo que transmite la forma de vestir de los demás, del mismo modo que, para vestirse en armonía con la naturaleza, hay que ser conscientes del cambio de las estaciones. Elegir los conjuntos más atrevidos no es lo único que demuestra creatividad y buen gusto; también lo demuestra nuestra sensibilidad ante el estilo de los demás y el nuestro propio, que contribuye a un debate más rico y dinámico sobre la moda.

Cuando elegimos nuestro atuendo siguiendo la filosofía del *chōwa*, no nos limitamos a encajar, sino que somos conscientes de la idea que transmitimos a los demás en función de lo que llevamos puesto.

Olvídate del discurso de la competencia, la rivalidad y la intimidación que nos inculcan las revistas de moda y la publicidad. En su lugar, no dudes en hacer un cumplido a alguien por su ropa y crea un clima de seguridad, de relajación y de positividad en torno a la ropa que hemos escogido.

Encuentra tu propio estilo

Puesto que hemos mencionado que el kimono es famoso por su elegancia atemporal, las complicadas normas que requiere su uso y su íntima relación con la naturaleza, cabe añadir que la moda japonesa también se ha dado a conocer gracias a su originalidad y su forma de sacar el máximo partido a los estampados, los cortes y los colores. Piensa en la moda urbana de Tokio, en la dulzura empalagosa del estilo *kawaii*, caracterizado por prendas de tonos rosas cargadas de volantes y accesorios que representan personajes de *anime* o pertenecientes a la cultura popular. Ahora, piensa en la línea minimalista y austera de Yohji Yamamoto, en cómo se inspira en la silueta del kimono para dar forma a sus creaciones a partir de una sola pieza de tela.

Sea cual sea el diseño o el estilo por el que alguien se sienta atraído, la originalidad de la moda japonesa procede del choque entre el apego hacia las normas de etiqueta y la búsqueda de una vía de escape. En Japón, da la impresión de que solo los más atrevidos e impetuosos tienen el valor (y el tiempo) suficiente para diferenciarse del resto. La vida cotidiana es estricta y está muy controlada. Recuerdo que, cuando era niña, los profesores iban de mesa en mesa comprobando la longitud de las faldas de las alumnas con una regla. Incluso hoy en día, los jóvenes que aspiran a un puesto de trabajo deben cortarse el pelo de una manera determinada (es lo que denominamos «el corte del aspirante») e incluso comprar un traje específico (que también se llama «el traje del aspirante»).

Muchos de los jóvenes japoneses que conozco se muestran reacios a exteriorizar lo que les hace ser distintos. Ese miedo a lo diferente, a lo extraordinario, destaca en especial en Japón, pero hay momentos en los que a todos nos cuesta encontrar el equilibrio entre el papel que nos ha asignado la sociedad y aquello que nos gustaría mostrar de nosotros mismos.

En esta parte final del capítulo, analizaremos las enseñanzas de la filosofía del *chōwa* sobre cómo actuar siguiendo nuestras propias reglas. Para averiguar quiénes somos de verdad, tenemos que confiar en nuestro estilo personal y fomentar aquello que nos hace únicos. Una vez lo hayamos conseguido, solo necesitaremos tener el valor de compartirlo con los demás.

Encuentra tus raíces haciendo lo que más te gusta • Parece difícil de creer, pero, en los últimos veinticinco años apenas he comprado ropa, excepto algún arreglo o alguna prenda que tenía que cambiar.

Cuando me casé por primera vez, la familia de mi marido me llevó a París. Aquella fue la primera vez que pisé Europa. La ropa de las *boutiques* parisinas era tan bonita que me quitaba el aliento: los motivos, las telas, los colores... Todo era distinto a lo que yo había visto hasta entonces. Era como contemplar obras de arte extranjeras. Todavía conservo las prendas que compré durante el viaje, y me parecen igual de maravillosas que el primer día. Hay quien piensa que mi estilo está pasado de moda, pero yo creo que lo que es hermoso sigue siéndolo aunque pasen los años.

Mi madre estaba suscrita a varias revistas de moda japonesas. Como la granja de mi abuela se encontraba en un lugar bastante remoto, donde las opciones de ocio escaseaban, no había mucho con lo que entretenerse, más allá de ir al cine una vez al mes. Así que se gastaba todo lo que ganaba en su trabajo a tiempo parcial (cosía kimonos y ayudaba en el hospital) en ropa. Cuando algún vestido le llamaba especialmente la atención, le sacaba una foto y se la llevaba al sastre del pueblo. «Hágame uno igual, por favor». Ahora que ha cumplido ochenta años y ya no se los puede poner, toda esa ropa la he heredado yo. Entre esas prendas hay un abrigo de lana azul marino con cuello a rayas grises y blancas hecho a mano y dos trajes: uno negro con un lujoso forro de seda y otro de un espectacular tono morado oscuro. Cuando llevo esos trajes, que tienen sesenta años y se hicieron a medida para mi madre, pero que a mí me sientan como un guante, es como si ella estuviera conmigo.

Uno de mis kimonos favoritos, que era de mi abuela, tiene un estampado de libélula en la espalda. La libélula es un insecto muy importante en las artes marciales, pues se cree que tiene un campo visual de 360 grados, y ya imaginas lo que supone para un guerrero ver tanto lo que tienes delante como lo que está a tu espalda. Siempre que me preparo para una ocasión importante en la que tenga que estar especialmente alerta, llevo ese kimono. Me ayuda a sentirme más cerca de mis raíces, más estable, como si mi abuela me protegiera.

- ¿Tienes alguna prenda con un significado o una historia especial? ¿Es algo que has heredado de un hermano o hermana mayor o que has comprado en una tienda de ropa *vintage* y que te hace sentir diferente? Si no te la has puesto desde hace un tiempo, piensa en alguna manera de incorporarla a los conjuntos que llevas en el día a día. No hay nada como la sensación de vestir un pedacito de tu propia historia para recordarte exactamente quién eres.

- ¿Alguna vez has pensado qué elementos de tu armario te hacen feliz? Pregúntate por qué. ¿Qué tienen de especial para que te haga ilusión ponértelos o para que te relajen cuando los vistes? ¿Crees que eres más fiel a tu personalidad y a tus gustos cuando los llevas puestos? Ahora piensa en ropa que no te haga feliz y en por qué no te gusta ponértela. ¿Es demasiado formal? ¿No refleja el tipo de persona que eres?

El estilo es compartir tu pasión con los demás • La última vez que mi hija y yo fuimos a Japón, ella se compró una revista para leerla en el tren. Se llamaba *Tsurutokame* («La grulla y la tortuga»). Es una revista de moda y estilo dirigida tanto a la tercera edad como a las generaciones más jóvenes que buscan inspiración en el estilo retro y poco convencional de la publicación. La revista estaba repleta de fotos de personas mayores, muchos de ellos trabajadores del campo, artesanos o vendedores de comida de algún puesto ambulante. El texto hablaba sobre ellos, sobre lo mucho que se enorgullecían de su trabajo, e incluía una sección de humor negro en la que se enumeraba toda la medicación que tomaban cada día. Una imagen a página completa mostraba a un respetable anciano guiñando el ojo a lomos de un *scooter* eléctrico, en una pose que parecía sacada de la película *Easy Rider*. Había otra foto: un primer plano de una mujer con el rostro surcado de arrugas. Fruncía el ceño en un gesto de concentración absoluta mientras sorbía unos fideos. Seguramente había olvidado al fotógrafo que estaba allí con ella. En otra imagen, una mujer sonreía abiertamente a cámara, mostrando al mundo su diente de oro. El elemento unificador de estas fotografías era que todos los modelos se mostraban radiantes de felicidad y muy seguros de sí mismos. Lo importante no solo era su ropa, y tampoco lo extrañas que fueran sus aficiones o la manera en que posaban (uno, desnudo en un manantial termal, y otro, mirando por encima de una valla con la actitud de una estrella del rock*)*. Lo que les hacía brillar era la vitalidad que desprendían. Todos tenían estilo.[24]

La sociedad japonesa respeta mucho a sus mayores, aunque a veces sean bastante excéntricos, pero me preocupa que lo haga a expensas de la gente joven. Estos últimos tienen que obedecer, seguir las normas y llevar la misma vida ordenada y cuadriculada que las generaciones pasadas. No deben exteriorizar ninguna de sus propias singularidades ni nada que los diferencie de los demás. Algunos de esos jóvenes se resisten a la conformidad y están orgullosos lo que los hace destacar. Sin embargo, muchos de los que yo conozco, aunque les apasione la contracultura en la moda, el *cosplay* o el estilo *kawaii,* sienten esa presión para adaptarse a los valores arcaicos y guardar las apariencias. Como no quieren avergonzar a sus padres ni recibir un sermón de algún vecino cascarrabias, meten su ropa y los accesorios más atrevidos en la mochila y cogen uno de los primeros trenes que van al centro de la ciudad, donde buscan algún baño donde cambiarse. Sé que no es culpa de los jóvenes, porque solo intentan hacer malabares con las expectativas de sus comunidades y el deseo de dar rienda suelta a su auténtico yo. Tampoco culpo a esos vecinos cascarrabias, pero considero que toda esta discreción y vergüenza es una oportunidad perdida.

¿No sería maravilloso que debatiéramos entre nosotros asuntos más interesantes, sobre aquello que nos llena? ¿Por qué no dejamos de escondernos y empezamos a compartir más?

Acepta lo que te hace diferente y utilízalo para guiar a los demás • No importa lo mucho que a los londinenses les gusten mis kimonos; cuando llevo uno, se me tilda de diferente. Me dicen cosas como «¡Qué ropa tan singular! ¿De dónde eres?». Casi siempre lo preguntan con buena intención, pero es difícil tomárselo como un cumplido. En Japón, la palabra «singular» tiene una connotación negativa. Decir que alguien «tiene un estilo singular» es una forma de expresar que esa persona es *bastante* rara.

Acepté mi propio estilo, por muy «singular» que fuera, preguntándome a mí misma por qué me gustaba llevar un kimono. Aunque ponerme un kimono me diferenciaba del resto de habitantes de Londres, tenía algo a lo que no podía renunciar.

La respuesta se reduce a una sensación específica. Cuando llevo un kimono, mi cuerpo adopta erguida la misma postura que me resultaba tan cómoda cuando vivía en Japón. Me disimula la barriga y me obliga a poner la espalda más recta. Con él, siento que me deslizo. Consigue que me enorgullezca de mis orígenes y tiene su utilidad. Por ejemplo, cuando hay un grupo de turistas japoneses algo perdidos en Leicester Square, en cuanto se fijan en mi atuendo, vienen a pedirme ayuda. Y normalmente consigo que encuentren el camino hacia dondequiera que desean ir.

Abrazar aquello que nos hace distintos (aunque otros lo categoricen de «singular») y utilizarlo para ayudar y guiar a otros es un paso esencial a la hora de buscar nuestra propia tribu. Es una de las mejores sensaciones del mundo, sobre todo cuando las personas a las que ayudamos están en guerra con su propio estilo o cuando se sienten perdidas de algún modo u otro.

Vivimos toda nuestra vida hombro con hombro con los demás. El orgullo, la seguridad en uno mismo o aceptar nuestra verdadera identidad son valores poderosos y positivos. Cuando utilizamos aquello que nos hace ser distintos para guiar a los que nos rodean, enviamos un claro mensaje de compromiso: igual que hemos hecho las paces con aquello que nos diferencia del resto, también aceptamos lo que hace diferentes a los demás.

No te limites a destacar; sal por completo de tu caparazón •
Hay un proverbio japonés bastante conocido que dice así: *deru kūi wa utareru* («el clavo que sobresale se lleva un martillazo»). Se escribe de la siguiente manera:

出る杭は打たれる

El refrán hace referencia a que en Japón es difícil y, de alguna manera, está mal visto destacar de cualquier forma. El más mínimo desvío de la norma se recibe con repulsa y aversión. La imagen que pinta el proverbio es algo violenta, sobre todo si nos imaginamos a nosotros mismos en el lugar del clavo, pero no negaremos que, en este caso, la sabiduría popular no se equivoca. Ciertas personas obtienen un extraño placer al decir a los demás lo que deben hacer. Para cambiar las cosas, especialmente la reacción negativa de la sociedad ante determinados estilos o formas de vivir o de amar, nuestra mejor baza no es limitarnos a sobresalir un poco, sino salir por completo. Así, no habrá martillo que vuelva a clavarnos en nuestro sitio. Tenemos que brillar.

A lo largo de toda mi vida, he hecho las cosas a mi manera (se diría que siempre he «sobresalido» un poco) y, a menudo, me han marginado y criticado por ello. De hecho, de pequeña sufrí acoso escolar. La situación se repitió cuando cambié

Japón por Inglaterra; como hacía las cosas a mi manera, algunos miembros de la comunidad japonesa me consideraban una persona difícil, alguien diferente. Singular. Por ejemplo, fundar mi propia organización benéfica atrajo toda clase de atención negativa. Muchos pensaban que debía sobresalir un poco menos. No siempre ha sido fácil.

En aquella época, tenía una pesadilla recurrente en la que estaba otra vez en el colegio y sufría el acoso de los que me hicieron la vida imposible durante la infancia. Que aquel episodio de mi vida me visitara de nuevo siendo adulta, justo cuando ya me sentía a gusto en Inglaterra, fue durísimo. Era evidente que mi subconsciente aún tenía preocupaciones que me hacían sentir distinta al resto. Al final, se lo conté a una amiga mía. Ella se rio.

—*Akemi san*, tú ya no eres *deru kūi* [«el clavo que sobresale»]. Tú eres *de-sugi-chatta* [el clavo que se ha salido del todo].

También me recordó que, durante todos los años de amistad, siempre había hecho las cosas a mi manera. En el pasado, me habían dicho que ciertas metas estaban fuera de mi alcance; como mujer divorciada, como esposa de un extranjero o como japonesa. Mi amiga continuó:

—Para bien o para mal, ya no eres la misma de antes. Llevas tanto tiempo haciendo las cosas a tu manera que los demás ya no tienen poder sobre ti. Eres el clavo que nadie podría clavar, aunque lo intentaran.

Este es otro proverbio japonés que te será útil si buscas tu propio estilo y quieres hacer las cosas a tu manera o exteriorizar aquello que te hace especial:

継続は力なり

Keizoku wa chikara nari

«La perseverancia es poder.»

Esta frase se traduciría de forma literal como «la fuerza de la continuidad», pero me gusta más «la perseverancia es poder». Si algo te importa de verdad (ya sea una afición, una habilidad, una determinada manera de vivir o un trabajo), cuanto más lo practiques, más aumentará tu destreza. Llegará un momento en que te resulte tan natural como respirar. Así es como nos convertimos en las personas que queremos ser: buscamos nuestra vocación y nunca nos rendimos. Cuando sabemos quiénes somos y qué es lo que nos importa de verdad, nos sentimos menos presionados para seguir las modas, ver esa película de la que todo el mundo habla o estar a la altura de los demás.

- Encontrar nuestro propio estilo es tan fácil como aprender a vivir, a trabajar, a vestirse y a moverse con seguridad en uno mismo, con orgullo y con honor. Cuanto más satisfechos estemos con la persona en la que nos hemos convertido, mayor seguridad tendremos y más fácil nos será ayudar a otros que estén en una situación similar.

Un día en las carreras

Una vez nos invitaron a mi hija y a mí a las carreras de caballos del Royal Ascot. Nada de lo que había en nuestro armario se ceñía a las normas de etiqueta establecidas. Después de darle muchas vueltas, me decanté por un kimono, aunque no estaba muy segura de que fuera una decisión acertada.

Cuando llegamos, me sentí flotando a la deriva en un mar de damas majestuosas. Todas parecían competir por llevar el sombrero más grande y esperpéntico. Yo también llevaba un sombrero, inspirado en un velo del siglo XII, porque pensé que complementaba perfectamente mi kimono y porque tenía la ventaja de que me ocultaba el rostro. Tanto a mi hija como a mí nos costaba contener la risa ante algunos de los conjuntos más atrevidos.

Estábamos justo delante del Royal Enclosure, un espacio al que solo se accedía con invitación y que estaba reservado para personas de cierta clase. Lo único en lo que podía pensar, allí de pie con mi kimono azul cielo, era que en cualquier momento alguien se daría cuenta de que yo no debería estar ahí. Daba sorbitos a mi copa de champagne y comía fresas igual que el resto, pero, rodeada de aquellas mujeres y de sus maravillosos vestidos, me sentía fuera de lugar.

Después de un rato, un grupo de mujeres se acercó a nosotras. Tenían muchas preguntas sobre mi kimono y por fin me relajé un poco. Me di cuenta de que, aunque no podía competir con su elegancia, yo había traído mi propio estilo. Había hecho honor a mis raíces a la vez que conseguía «encajar» en compañía de aquellas personas, para las que el estilo es un asunto muy serio. Sentí que el kimono me permitía integrarme con los demás, a la vez que me hacía destacar: ese es el equilibrio al que aspiramos cuando pensamos en qué ponernos. Y, cuando acertamos, la sensación de triunfo es indescriptible.

Cómo vestirse en armonía con las estaciones

Colores invernales
Verde y naranja, rojo y blanco o verde y blanco.

Motivos invernales
Bambú, pino, camelia o *ume* (flor de ciruelo).

Colores primaverales
Rosa con blanco y verde, morado con blanco y amarillo claro con un tono de amarillo más oscuro.

Motivos primaverales
Ume (flor de ciruelo) y *sakura* (flor de cerezo).

Colores estivales
Azul pálido, lavanda y azul oscuro.

Motivos estivales
Lluvia o copos de nieve, estampados simples o a rayas al estilo de los *yukata* (los *yutaka* veraniegos son de color azul marino con rayas blancas o a la inversa).

Colores otoñales
Distintos tonos de morado con naranja y verde o rojo, naranja y amarillo (como el color de las hojas en otoño), o tonos de amarillo y naranja que capturen la esencia de la luz del otoño.

Motivos otoñales
Hojas que caen, los rayos del sol a través de las ramas de los árboles, hierba de las Pampas, libélulas o la luna.

**Enseñanzas del *chōwa*:
encuentra tu propio estilo**

Descubre cuál es tu vocación y compártela con los demás

- Averigua qué es lo que más te importa.

- Saca algo de tiempo cada día para hacerlo. No lo dejes.

- Recuerda, «la perseverancia es poder».

- Piensa en una manera de compartir tu vocación con los demás.

«El clavo que sobresale se lleva un martillazo»

- ¿Qué cosas te hacen «destacar» entre la multitud?

- ¿Cómo le darías la vuelta a esta situación para abrazar aquello que te hace singular, para convertirte en «el clavo que nadie podría clavar, aunque lo intentaran»?

Parte 2

Vivir en armonía con los demás

第二章

他人との調和

5

Escucha a los demás, conócete mejor

«No decir nada a veces es tan bello como una flor.»
PROVERBIO JAPONÉS

Vivimos en comunidad con otras personas. Nos hacen compañía, nos apoyan, nos guían y, a veces, nos hacen daño. La forma en que tratamos a los demás y la manera en que ellos responden constituyen una parte importante de quiénes somos. Sin embargo, aunque pasemos todos los días de nuestra vida en compañía de otras personas, a menudo sentimos que no las entendemos del todo. Un malentendido o una palabra fuera de lugar quizá nos cree dudas sobre nuestra relación con un amigo, con un compañero de trabajo o con nuestra pareja y, a la vez, perturbará nuestro equilibrio emocional. Una de las peores sensaciones es la de decepcionar a alguien. Los sentimientos de culpabilidad y vergüenza o la creencia de que no somos lo bastante buenos son asfixiantes y difíciles de desterrar. Si los dejamos campar a sus anchas, controlarán nuestra vida.

Como ya he dicho, la palabra japonesa para referirse a uno mismo es *ji-bun,* que significa «la parte propia». Este concepto sugiere que formamos parte de un conjunto mayor. Si pensamos en los problemas que más nos preocupan (la inseguridad, el no estar a la altura de lo que se espera de nosotros, el desamor, el enfado o la decepción), vemos que la mayoría están relacionados con otras personas. Te habrás percatado de que, cuando alguien cercano a nosotros está de mal humor, ese estado de ánimo se contagia. Existe un ecosistema emocional que, igual que la propia naturaleza, depende de un equilibrio precario. Estar en armonía no es una cuestión de traer la paz y el equilibrio a nuestra vida emocional. Las emociones van y vienen, y nuestro estado mental se halla en constante cambio. Lo que sí está en nuestras manos es vivir en armonía con los demás. En este capítulo explicaré conceptos que te ayudarán a llevar una vida emocional más sana y equilibrada. La enseñanza más importante es que nuestro propio equilibrio empieza por estar más alerta a las emociones ajenas.

- **Lee el aire.** Vivir de acuerdo con la filosofía del *chōwa* nos permite desarrollar un nivel más elevado de sensibilidad emocional. Al adaptarnos al ambiente de una habitación, al «aquí y ahora» de las conversaciones, aprendemos a observar nuestros propios pensamientos de forma objetiva y, puesto que así estamos más relajados y receptivos, transmitimos esa tranquilidad a los que nos rodean.

- **Mejora tus relaciones y controla las emociones más intensas.** A veces parece imposible encontrar el equilibrio mientras luchamos contra emociones tan complicadas como la ira o la frustración. El *chōwa* nos enseña a replantearnos nuestra forma de reaccionar ante los sentimientos negativos, lo que, a su vez, hace mucho más fácil las relaciones interpersonales.

Me gustaría compartir contigo un poema que escribió mi padre:

Cuando te miras al espejo, ¿cómo te ves?
Si no te ves con claridad, tal vez no seas feliz.
La niebla que invade tus pensamientos no te deja verte.

Aunque intentes limpiar el espejo, no te ves.
¿Aprecias el día a día?
¿Trabajas con honor?
¿Ayudas a los que te necesitan?

El poema pasa de reflexionar sobre uno mismo, a partir del momento en el que afirma que tal vez «no eres feliz», a formular una serie de preguntas para que el lector deje de buscar las respuestas en su interior y conecte con el mundo que lo rodea. Para alcanzar la armonía, primero expandiremos nuestra conciencia e incluiremos en ella a los demás, aunque suene contraproducente. Para mí, es la mejor forma de empezar.

Leer el aire

¿Alguna vez has evitado un tema de conversación o has elegido con sumo cuidado tus palabras para evitar que la otra persona se sienta incómoda? ¿Has cerrado la puerta lentamente para no molestar a tu hijo, a tu pareja o a un compañero de piso porque estaban durmiendo o trabajando? Si la respuesta es sí, ya has asimilado una técnica que los niños japoneses aprenden muy temprano. En japonés, esta habilidad se llama «leer el aire».

空気を読む
kuuki wo yomu

Leer el aire consiste en guardar silencio y quedarse muy quieto para percibir hasta el mínimo cambio que se produzca en el ambiente, ya sea en un aula, una reunión de trabajo o una comida familiar. Se parece a medir la temperatura de una habitación. También puedes hacerlo en situaciones en las que solo estés con otra persona. No se trata de adivinar cómo se sienten los demás, sino más bien de crear un ambiente de paz, armonía y silencio mediante acciones pequeñas. Para perfeccionar esta habilidad, se requiere una vida entera de práctica, pero es menos mística de lo que parece. Si quieres conseguirlo, tienes que estar en sintonía con tu interior y con lo que ocurre entre las personas de la habitación. Para empezar a «leer el aire», basta con seguir estos sencillos pasos:

Ejercita el silencio • En Japón hay un dicho: «El silencio es el aceite que hace que los engranajes giren suavemente». El primer truco para leer el aire es permanecer en silencio. Eso no implica que te desentiendas de tu alrededor, claro. Imagina que eres un mero instrumento diseñado para percibir las señales no verbales. Cuando haya una pausa o un silencio incómodo en la conversación, creerás que tu deber es ponerle fin, pero hablar no es tan importante como se piensa.

Deja que la otra persona tenga prioridad • Toda conversación es un tira y afloja que busca el equilibrio, aunque a veces se convierta en una competición. Cuando hablamos con alguien, resulta tentador lanzarse de cabeza a recitar todo lo que queremos decir antes de preguntar nada a nuestro interlocutor. Dejar que el otro se adelante y hacerle preguntas demuestra que le prestamos atención. Esta técnica se conoce como «escucha activa». Cuando hagas esto, no te extrañes por la rapidez con que la otra persona te empezará a dar prioridad. Si perseveramos en la práctica de la escucha activa, veremos que los demás siguen nuestro ejemplo y aplican esta técnica.

Los consejos pueden esperar • Muchas veces, ya sea en una reunión de trabajo sobre un problema con algún proyecto o cuando tu hijo o hija te habla de alguna dificultad que atraviesa en el colegio, sentimos la necesidad de ofrecer un consejo o sugerencia o de relacionar lo que nos están contando con algo que nos ha pasado a nosotros. «A mí me pasa igual, el otro día…». Ese impulso de regresar al «yo, yo, yo» tiene buenas intenciones: queremos que la otra persona sepa que empatizamos con ella. Por desgracia, esto impide que comprendamos por completo lo que nos cuentan. La filosofía del *chōwa* nos dice que, para estar en armonía con la otra persona, es necesario analizar la situación antes de actuar. Cuando hablamos con alguien, analizar la situación implica escuchar atentamente lo que nos está diciendo. Y, si nuestro interlocutor ha parado de hablar, asimilaremos sus palabras antes de responder. Además, al concederle un momento de silencio, le damos la oportunidad de decir algo más, si quiere.

Responde con generosidad • Cuando mantengas una conversación con alguien, sobre todo si te está contando algo personal o especialmente doloroso, plantéate lo siguiente: «¿Cómo me aseguro de que esta persona se sienta cómoda?». Hasta el más pequeño gesto, como una sonrisa o una pregunta abierta, contribuirá a que se sienta mejor. Si estás consolando a un amigo cercano, hazle saber que entiendes su situación, que vas a escucharlo y que estás ahí para lo que necesite. Crea un momento de silencio para que siga hablando, si lo necesita, o para que descanse.[25]

Extiende tu atención emocional para incluir a los demás • Aunque suene complicado, para conseguirlo basta con ser diligente y hacer los «deberes emocionales», por así decirlo. Esto implica analizar tu estado emocional y reflexionar sobre lo que rodea a los demás.

Cuando repetimos una conversación dentro de nuestra cabeza (algo que hacemos cuando creemos que hemos metido la pata), advertimos que, si hemos dicho algo poco considerado o incluso desagradable, probablemente se haya debido a que estábamos nerviosos, enfadados, frustrados o dispuestos a que la otra persona se sintiera igual que nosotros. Al final, decimos cosas de las que luego nos arrepentimos porque dejamos que esas emociones tomen las riendas. Para evitar que esto ocurra, debemos lidiar con nuestras propias emociones desde un punto de vista más racional. La próxima vez que sientas que la situación te sobrepasa o que tus emociones sacan lo peor de ti, piensa en esos sentimientos como en algo ajeno: «Lo que siento es enfado», «esto que siento es frustración». Identifica y etiqueta tus emociones, sobre todo si crees que vas a decir algo de lo que te arrepentirás. Si eres más consciente de tus emociones y las analizas de forma más imparcial, verás que el control que estas ejercen sobre ti disminuye.

Una vez hayas tomado distancia de tus pensamientos y sepas cómo observarlos con más objetividad, te centrarás mejor en analizar cómo se sienten los demás. La próxima vez que hables con alguien, intenta que tu atención emocional tenga en consideración cómo se siente esa persona y cómo te sientes tú. Prueba a hacerte la siguiente pregunta: «¿Cómo están?». Al prestar más atención a los demás y a su situación anímica, participas de forma activa en la mejora de tu ecosistema emocional. Deberíamos tener presente que todos formamos parte del mismo ecosistema. Por eso, si la armonía que reina en una habitación se rompe, nuestro propio equilibrio peligra. Esforzarnos por ser conscientes del estado emocional de aquellos que nos rodean, incluso si no lo hacemos en voz alta, nos permitirá reaccionar de forma mucho más amable. Por ejemplo, si un compañero de trabajo se queda ensimismado durante una reunión, hazle alguna pregunta que le devuelva al presente para que no se pierda. O, si notas que un amigo tuyo está mucho más callado de lo habitual, inicia una conversación sobre algún tema del que le encante hablar. Esos actos de generosidad renuevan la energía de la habitación. Además, cuando una persona muestra un poco más de consideración hacia el resto, todos empiezan a ser más conscientes de los beneficios de compartir esa carga emocional.

- ¿Qué puedes hacer para crear un impacto positivo en tu ecosistema emocional?

- Cuando termine el día piensa en cuáles han sido las consecuencias de practicar la escucha activa o de estar más presente en tu relación con los demás. ¿Has conseguido impedir algún enfrentamiento o ayudar a que alguien se sienta mejor?

Un saludo vale más que mil palabras

Cuando nació mi hija, dejé de ser responsable únicamente de mis sentimientos. También debía estar en sintonía con sus necesidades y sus emociones. ¿Tenía hambre? ¿Estaba cansada? ¿Tenía frío o calor?

Esta vigilancia constante continuó a medida que crecía. Cuando volvía del colegio, pausaba todo lo que estaba haciendo para oír la puerta cerrarse. ¿Había dado un portazo o la había cerrado muy despacio? Esa era la primera pista para descubrir cómo le había ido el día y cómo se sentía. Luego la escuchaba gritar *«¡Tadaima!»*. Ya he vuelto. Y yo le contestaba *«Okaerinasai»*. Bienvenida a casa.

Si al llegar a casa gritaba *«¡Tadaima!»* en tono alegre y jadeando, como si hubiera corrido un maratón, me imaginaba que había estado con sus amigos y luego había vuelto a la carrera para ayudarme a hacer la comida. Pero si lo mascullaba con la voz apagada, sabía que le había pasado algo malo, que se había peleado con un amigo o que había sacado malas notas.

Lo más probable es que tú también tengas un saludo y una respuesta que siempre repites cuando tú o un miembro de tu familia llegáis a casa. Aprovéchalo y dedica algo de tiempo cada día a comprobar el estado emocional de tus seres queridos. Así, sabrás cuándo están tristes o cuándo han perdido el equilibrio y podrás actuar en consecuencia.

Gustos y manías

Lo que nos gusta y lo que no nos gusta nos ayuda a forjar amistades e incluso a encontrar pareja. Es natural que nos sintamos atraídos por aquellos con los que tenemos más cosas en común, pero, en ocasiones, cerrar la mente a todo lo que no sea de nuestro agrado puede acarrear consecuencias negativas.

En Japón, guiarse exclusivamente por nuestras preferencias o evitar de manera sistemática lo que no nos gusta se considera una actitud inmadura o egoísta, porque nos hace ser menos respetuosos con los demás. Por ejemplo, incluso cuando se trata de algo tan inofensivo como rechazar una invitación o el ofrecimiento de un pedazo de tarta, es difícil que un japonés diga de forma directa que no. En lugar de formular una negativa explícita, decimos *chotto,* que significa, a grandes rasgos, «es un poco difícil». Hasta en los casos en los que no queremos hacer algo por nada del mundo, o cuando se trata de una comida por la que sintamos aversión (por ejemplo, si no te gustan las setas o algún tipo de fruta), no lo rechazamos de manera directa ni admitimos en voz alta lo mucho que nos repugna. Actuar así es agotador, pero, al mismo tiempo, rehusar de pleno lo que no nos gusta equivale a una hilera de puertas cerradas que dictan cómo tenemos que vivir la vida (debemos evitar a esa persona a toda costa, queda totalmente prohibido escuchar ese estilo de música, jamás volveremos a probar esta comida, etc.). En realidad, es un alivio no dividir las cosas en «me gusta» o «no me gusta», una división que arrastramos desde la infancia. Ser más flexible no quiere decir que traicionemos nuestros principios o nuestra forma de ser, sino que nos abriremos a todas las posibilidades y aprenderemos a dejarnos llevar un poco más. Seguramente descubramos que somos más flexibles y aventureros de lo que pensábamos.

Para explicar cómo ser más tolerante a la hora de decidir lo que nos gusta y lo que no, voy a utilizar los principios más básicos de la gramática japonesa. A los alumnos a los que enseño japonés como lengua extranjera la gramática los deja perplejos. El orden de las palabras les parece completamente ilógico: el verbo suele decirse al final de la frase y rara vez utilizamos pronombres. Se entiende si alguien quiere decir «¿Te gustan las manzanas?» o «A mí me gustan las manzanas» gracias al contexto.

Por ejemplo, la frase «me gustan las manzanas» tiene la siguiente estructura:

林檎 が 好き です

ringo   ga   suki   desu

(Yo) Manzanas «gustar» sí.

Ringo significa manzanas. *Ga* es una partícula que, cuando se junta con *suki*, quiere decir «me gusta». ¿Y qué hace que esta frase sea positiva, que signifique «Me gustan las manzanas» en lugar de «*No* me gustan»? Pues bien, la frase «no me gustan las manzanas» se diría así:

林檎 が 好き で は ありません

ringo ga suki   de wa   arimasen

(Yo) Manzanas «gustar» no.

Esta estructura gramatical hace que escuchar a alguien hablar en japonés sea todo un desafío para nuestra atención. Hay que esperar hasta el final de la frase para saber lo que la persona quiere decir. Pero también tiene sus ventajas. Por ejemplo, ofrece tiempo suficiente al hablante para que piense lo que quiere decir. Puede posponer su respuesta («¿Me gustan o no me gustan?») hasta el último momento.

Si tu anfitrión te pregunta «¿Te gustan las manzanas?», no querrás admitir directamente que las detestas, pues a lo mejor ha hecho tarta de manzana de postre.

> **Tómate tu tiempo.** Así reducirás al mínimo las probabilidades de meter la pata o de herir los sentimientos de la otra persona cuando digas lo que piensas.

Deja tus preferencias a un lado. La filosofía del *chōwa* no dice que no exterioricemos nuestros gustos u opiniones en pro de la armonía social, sino que mantengamos la mente abierta y seamos respetuosos con los demás. También nos anima a abrazar la libertad de abandonar las ideas preconcebidas de lo que nos gusta y lo que no.

Qué hacer cuando alguien no nos cae bien

¿Qué se siente cuando alguien nos cae mal? Si eres como yo, cuando pienses en los sentimientos negativos que esa persona despierta en ti, sentirás que la aversión o el odio recorren tu cuerpo como un dolor físico. La cara se te pone rígida y notas tensión en la mandíbula y en el cuello.

Nos pasa a todos, así que no te tortures, pero, si te detienes a pensar en la naturaleza de esas emociones, descubrirás que tampoco hace falta sentirse así. Justo después de casarme, asistí a unas clases sobre la ceremonia del té con otra mujer llamada Akiko. Ella, igual que yo, acababa de contraer matrimonio. Pero, a diferencia de mí, tenía un ingenio cruel y un sentido del humor algo desagradable. Disfrutaba provocando a los demás, presumiendo de su estatus de mujer casada y metiéndose con cualquiera que cometiera un error. Me resultaba imposible estar en la misma habitación que ella. Llegó un momento en que colmó mi paciencia de tal forma que resoplé con fuerza, lo que hizo patente mi enfado. Cuando dirigió su mirada hacia mí, escondí lo mucho que me desagradaba fingiendo un repentino interés en mi abanico. No obstante, mi suegra, que iba a la misma clase que yo, se dio cuenta de todo. Mientras volvíamos a casa, me preguntó:

—¿Qué te pasa con Akiko-san?

—No sé, es que no me cae bien —respondí con sinceridad. Había demasiadas razones.

—Pero ¿hay algo de ella que te guste? —preguntó con amabilidad.

Aquella pregunta me hizo reflexionar. En realidad, me gustaba su malicioso sentido del humor. Y, cuanto más lo pensaba, más comprendía que algunos de los rasgos que no me gustaban de Akiko eran rasgos de mí misma que me preocupaban. ¿Me estaba convirtiendo en una estirada? ¿Estaba obsesionada con gustar a todo el mundo o con que no me pillaran cometiendo un error?

Igual que el *chōwa* nos enseña a cambiar nuestra actitud hacia nuestros gustos, también nos enseña a transformar nuestra reacción ante otras personas. Si nos concedemos una tregua para dar la vuelta a una relación difícil o para replantearnos nuestra opinión sobre alguien que no nos cae bien, nos quitaremos un enorme peso de encima.

Cómo enfrentarse a las emociones negativas

Cuando me siento asfixiada por las emociones negativas intento enfocarlas desde un punto de vista filosófico. Si estoy enfadada, triste, frustrada o si algo me produce un dolor físico, me digo a mí misma que la vida es así, que estoy viva y, por eso, cuando algo malo ocurre, el hecho de que yo me sienta mal es simplemente una respuesta emocional y natural de mi cuerpo. Aunque nos duela, tenemos que entender que los sentimientos son una parte indispensable de la vida, y por eso debemos valorarlos. Sin embargo, cuando estamos en mitad de un ataque de ira o en una situación vergonzosa, no es fácil tomárselo con filosofía.

A continuación, analizaré algunas estrategias para enfrentarnos a las dos emociones más dolorosas. La primera, el enfado, la dirigimos hacia los demás, mientras que la segunda, la frustración, está dirigida hacia nosotros mismos.

Enfado • Hay veces en las que, como bien sabrás, enfadarnos no nos hace ningún bien. La rabia nos ciega y nos impide ver nuestros propios fallos y ponernos en el lugar del otro. Si utilizamos el enfado para responder ante cualquier situación, corremos el peligro de desarrollar un mal hábito; por ejemplo, cuando reaccionamos de forma exagerada si alguien choca con nosotros en la calle o si un amigo ha hecho algo mal sin querer.

Hasta cierto punto, enfadarse es una reacción lógica. Queremos que alguien pague, que entienda cómo nos sentimos. Pero hay otras formas de transmitir nuestros sentimientos:

Toma el camino opuesto: Si alguien te empuja en el autobús, ríete de la situación en lugar de saltarle a la yugular. Si te dicen algo con lo que no estás de acuerdo, responde: «Vale, entiendo que te sientas así». El objetivo es aplacar tanto tu propio enfado como el de la otra persona, sobre todo si esa persona quiere que discutáis. Encontrar la armonía en este tipo de enfrentamientos hace que sea más fácil y llevadero para todos vivir en sociedad. Además, es una forma perfecta de dejar claro a cualquiera que busque pelea que se vaya por donde ha venido.

Cuando enfadarse sea la reacción «más lógica», apúntalo todo en un papel

Un día me llamó Junko-san, una amiga mía. Teníamos muchas cosas que contarnos, pero llegó un momento en el que la conversación viró hacia su prometido. Habían tenido una discusión tremenda que había terminado cuando él se había puesto a gritarle a pleno pulmón. Me sorprendió que ella sonara tan tranquila, casi contenta, mientras me lo contaba.

Me dijo que, en plena discusión, ella se había ido a otra habitación y había dejado a su novio solo, echando humo.

Luego había cerrado con cuidado la puerta del salón y respirado tres veces profundamente, a la espera de que el latido de su corazón volviera a adoptar un ritmo normal. A continuación, había cogido una hoja de papel, se había sentado en la mesa y había escrito todo lo que sentía, como si fuera una carta dirigida a su prometido. En ella explicaba por qué gritarle de esa manera era inaceptable, independientemente de lo enfadado que estuviera, y que no estaba dispuesta a meterse en un matrimonio en el que esa clase de gritos fuera algo habitual. Cuando terminó de escribirlo todo, había vuelto donde él estaba y le había entregado la carta. Al principio, aquello lo había enfadado incluso más, pero ella había replicado que estaba demasiado enfadada como para decir lo que sentía y que por eso lo había escrito.

También le había aclarado que él podía hacer lo mismo, si lo deseaba, y se había marchado a jugar al tenis con unos amigos. Cuando volvió a casa, se encontró una disculpa escrita a mano en la mesita de noche, firmada por su prometido.

Analiza tu enfado para sacarle provecho, no para que te perjudique. No es la primera vez que oigo de alguna mujer japonesa que utiliza esta táctica, la de escribir en una hoja de papel todo lo que la enfurece para después entregársela a su marido. La próxima vez que te enfades con tu pareja o con un compañero de piso, prueba esta táctica.

Frustración • La búsqueda de la armonía no siempre es un camino de rosas. Encontrarás toda clase de contratiempos y obstáculos, y habrá veces en las que te estancarás. La frustración es una de las emociones más dolorosas para el ser humano. Esperamos tanto de nosotros mismos que nos convertimos en los críticos más despiadados. Es normal que, si nuestras expectativas son demasiado altas, nos sintamos decepcionados en algún momento. Como dice un proverbio japonés:

七転び八起き
nana korobi yaoki

Significa «si no lo consigues a la primera, inténtalo de nuevo». Para mí, este proverbio plasma a la perfección la esencia de cómo nos sentimos cuando algo no nos sale bien, porque literalmente quiere decir «cáete siete veces y levántate ocho». Tenemos que aceptar que alguna vez (y más de una) tropezaremos y caeremos. Mi consejo es que lo asumas como algo normal y que no dejes de intentarlo. Te caerás siete veces, quizás incluso más, pero lo importante es que aprendas a levantarte siempre que haga falta.

Algunos problemas no tienen solución

Mi primer marido y yo nos divorciamos en 1989. Aunque yo sabía que era la decisión correcta, no sabía lo que iba a hacer con mi vida. Después de la separación, comprendí que no era solo una parte de mí la que había perdido el equilibrio. Todo mi mundo, todo el ecosistema que me sostenía, se había venido abajo. Sentí que, por primera vez, veía la sociedad en la que me había criado tal y como era.

El divorcio implicó que buscara un trabajo para mantenernos a mi hija y a mí. Por desgracia, para solicitar los puestos que me interesaban, debía especificar mi estado civil. Escribir la palabra «divorciada» en las solicitudes de empleo me cerró muchas puertas. También tuve que buscar una guardería para mi hija, e incluso durante ese proceso debía explicar por qué era madre soltera. En aquella época, nadie se divorciaba en Japón. Cuanto más pensaba en ello, más convencida estaba de que no quería que mi hija creciera en una sociedad con esas convicciones. Estaba segura de que, si nos quedábamos allí, nos harían tropezar una y otra vez hasta que ya no pudiéramos levantarnos.

A veces, nos reprochamos cosas que no tienen nada que ver con nosotros, como un puesto de trabajo que nos hace infelices o una pareja tóxica.

Es estas situaciones es difícil llevar la armonía a nuestras vidas, porque no podemos cambiar a los demás. Es imposible alcanzar el equilibrio en un ambiente en el que no estamos a gusto. Por eso, en ocasiones, aunque resulte doloroso, lo mejor es cortar el problema de raíz y seguir adelante.

Enseñanzas del *chōwa*: escucha a los demás, conócete mejor

Escucha a los demás

Practica la escucha activa:

- Guarda silencio (y centra toda tu atención en lo que dice la otra persona).
- Da prioridad al otro (cede tu turno, deja hablar a los demás antes de lanzarte a hablar sobre ti).
- Espera. A veces el silencio es la mejor respuesta; quizá el otro tenga algo más que compartir.

- Responder con generosidad, ya sea diciendo algo o quedándote en silencio. Piensa qué está en tu mano hacer para que la otra persona se sienta más cómoda.

Qué hacer cuando alguien no nos cae bien

Piensa en alguien a quien no soportes.

- Haz una lista con todas las cosas que no te gusten de esa persona.

- Luego haz una lista con las cosas que sí te gustan.

- Escribe rasgos en esa lista hasta que sea igual de larga o más que la de cosas que no te gustan.

Conócete mejor

Plantéate estas preguntas inspiradas en el poema que escribió mi padre:

- ¿Cómo puedo apreciar mejor el día a día?

- ¿Puedo afirmar que mi forma de trabajar es honrada?

- ¿Hay algo que pueda hacer para ayudar a los demás?

6

Aprende a aprender
y enseña a tus maestros

«Las dificultades, cuando se es joven, son buenas para el
hombre, aunque haya que buscarlas.»

PROVERBIO JAPONÉS

Desde el siglo XII y hasta la década de 1870, los *daimyo*, poderosos señores feudales, controlaron gran parte de Japón. Sus
guerreros, los samuráis, luchaban en su nombre para que sus
amos ganaran poder e influencia. De ellos se esperaba que
aprendieran una amplia variedad de artes marciales, entre ellas
el *iaidō* (el arte de desenvainar la espada), el *battōdō* (el arte de
usar la espada) y el *bushidō* (el código ético del guerrero). No
obstante, una vez terminaba la guerra, los samuráis regresaban
a sus hogares, con sus familias. En general, sus vidas eran tran-
quilas y las dedicaban a trabajar el campo. La educación de
los samuráis no solo se basaba en la lucha, pues para ellos eran
igual de importantes las inclinaciones artísticas, como el *shodō*
(el arte de la caligrafía), el *kadō* (el arte de los arreglos florales)
y el *chadō* (el arte del té). Por supuesto, también aprendían a
administrar y dirigir la granja. Se trataba de una educación
muy equilibrada, puesto que los jóvenes samuráis eran ins-
truidos no solo en el conflicto, sino en cómo vivir en armonía
con la familia y en apreciar la belleza del mundo natural en
tiempos de paz.

La educación japonesa actual considera igual de importante que sus alumnos adquieran todo tipo de habilidades. En lugar de centrarse en el trabajo académico, en Japón se enseña a los niños el valor del trabajo en equipo, cómo llevarse bien con todo el mundo y cómo convertirse en una persona reflexiva que sepa «leer el aire», ya sea en clase o en el trabajo. A lo largo de mi vida, he vivido y he enseñado tanto en Japón como en el Reino Unido y, durante ese tiempo, he advertido que el sistema educativo japonés hace demasiado hincapié en la importancia de encajar. Sea cual sea nuestra edad, debemos aprender a adaptarnos a las necesidades del grupo y a cuestionar los principios de la armonía que lo mantienen unido. Estas son las enseñanzas que analizaremos en profundidad en las siguientes páginas:

- **Aprende a aprender.** La filosofía del *chōwa* nos insta a prepararnos para afrontar cualquier situación con la disposición más positiva y valiente posible. Quiero enseñarte que, cuando integramos esta idea en nuestro proceso de aprendizaje, no solo aprendemos de forma mucho más efectiva, sino que prolongamos ese aprendizaje durante el resto de nuestras vidas.

- **Enseña a tus maestros.** Los alumnos japoneses no expresan sus opiniones en voz alta, y este hecho es conocido en Occidente. No obstante, el *chōwa* nos enseña que para alcanzar el equilibrio en nuestras vidas hay que desafiar a la autoridad y cuestionar la «armonía» que otros han impuesto. Así, nuestros maestros también aprenden.

Volver al colegio: lo que podemos aprender del *chōwa* dentro de una clase japonesa

Admiro muchos aspectos de la educación inglesa. He visitado toda clase de colegios a lo largo y ancho del Reino Unido, tanto como profesora de japonés como en calidad de ponente de estudios culturales, y he trabajado para una emisora japonesa en una investigación para analizar qué hacía especial a la educación inglesa. Sin embargo, no hay nada que transmita mejor la ilusión por el aprendizaje que una escuela japonesa. Es una de las cosas que más echo de menos de Japón.

Cuando alguien se imagina un colegio japonés, seguramente piense que los profesores son muy estrictos. Esto es, en parte, cierto. Sin embargo, después de visitar tantas escuelas distintas de Occidente y Japón, puedo afirmar que el *chōwa* al que aspira la educación japonesa no es un grupo de estudiantes idénticos aprendiendo en una armonía artificial y siniestra. En este capítulo, te llevaré al interior de un aula japonesa y compartiré contigo enseñanzas que te pueden servir de guía a lo largo de toda tu etapa educativa (una etapa que, por cierto, nunca termina).

Comprométete con tu aprendizaje • Cuando entras en un colegio japonés, al igual que cuando entras en una casa, lo primero que tienes que hacer al llegar al pasillo principal es quitarte el calzado. Los alumnos llevan sus propias cajas de zapatos, pero los centros también tienen zapatillas para el interior, por si llega algún invitado. Cambiarse de zapatos antes de entrar en la escuela crea una diferenciación muy clara entre el espacio en el que aprendemos y el mundo exterior. El primer paso para alcanzar la armonía en nuestra educación es saber que lo que necesitamos cuando estudiamos quizá no sea lo mismo que necesitamos para otras actividades.

Cuando ves el interior de una clase japonesa, seguro que muchos de los elementos que hay allí te resultan familiares. Hay una pizarra, varias filas de pupitres, corchos en los que exhibir los trabajos de los alumnos y casillas en las que guardan sus mochilas. Pero, en cuanto la clase empieza, todo te resulta un poco distinto.

Antes que nada, los niños saludan a sus profesores con formalidad. Cuando el profesor o profesora entra en el aula, se toma su tiempo para ordenar papeles y esperar a que los niños dejen de hablar entre ellos. Entonces, uno de los alumnos, el delegado, empieza el saludo formal con voz clara y firme:

Kiritsu — De pie
Rei — Reverencia
Chakuseki — Sentaos

En capítulos anteriores hemos mencionado la importancia que otorga el *chōwa* a exteriorizar nuestro compromiso interno (a hacer que nuestras palabras estén en armonía con nuestros actos). En un ambiente de aprendizaje como la escuela, estas palabras dichas en voz alta crean un tipo de armonía muy especial. Que todos los estudiantes hagan lo mismo y que, a la vez, se mentalicen para aprender al principio de cada clase es un ritual muy poderoso.[26]

Saca tiempo para aprender. Después de dejar la vida de estudiante, tenemos que encontrar la motivación para seguir con nuestro aprendizaje, sobre todo si solo podemos hacerlo en nuestro tiempo libre o después del trabajo. Intenta que tu lugar de estudio sea distinto al entorno en el que pasas la mayor parte del día, aunque para ello tengas que irte a la biblioteca o crear un espacio específico en tu habitación. Establece unos bloques de tiempo que dediques exclusivamente al estudio, programa una alarma y dedícale una cantidad de tiempo razonable.

Cuida de tu espacio de aprendizaje • En cuanto pones un pie en una escuela japonesa, adviertes dos cosas: la atmósfera de silencio que se respira y lo limpia que está la estancia. Los estudiantes japoneses limpian la escuela para mostrar su gratitud por el servicio que les presta, para dar las gracias al edificio y a las clases por cuidar de ellos y cederles un espacio en el que aprender.

No solo limpian sus clases, también la sala de profesores, los pasillos e incluso los jardines y los baños. Todos tienen una lista de turnos y tareas, lo que les hace sentirse no solo parte de una clase, sino de toda la escuela.

Además de mantener en buen estado las instalaciones, los alumnos tienen un sentido de la responsabilidad hacia el medioambiente muy arraigado, inculcado por el sistema de educación japonesa. Hace poco, llevé a un grupo de estudiantes de primaria londinenses a visitar una escuela de Tokio. Cuando llegamos, había muchos niños fuera, en los jardines, arrancando malas hierbas y plantando semillas. Uno de los niños que iban conmigo me preguntó si estaban castigados. El director de la escuela, que nos estaba enseñando las instalaciones, negó con la cabeza. Los estudiantes se habían ofrecido voluntarios para cuidar del jardín durante el descanso. Les gustaba hacerlo y era una manera de devolver al colegio un poco de lo que este les daba.

Combina diversos tipos de aprendizaje con distintos métodos educativos • A lo largo de toda mi trayectoria como profesora, he visto con mis propios ojos los problemas que tiene Japón en el ámbito educativo: los adolescentes que no soportan la presión, el porcentaje de abandono escolar y el excesivo hincapié que hacen empresarios y educadores en la importancia de sacar las notas más altas. Hoy en día, en Occidente se asocia la educación japonesa con una competitividad feroz, unos niveles de estrés altísimos y la rigidez de las normas dentro del aula.

No obstante, lo que percibo en el Reino Unido es el peligro de rechazar ciertos métodos de enseñanza que no son malos *per se*. Por ejemplo, aprender de memoria. Este método horroriza a los alumnos británicos (y a sus padres). Pasarse horas memorizando o con la cabeza metida dentro del libro les parece algo más propio de otra época. Pero, como profesora de idiomas, sé mejor que nadie que, además de practicar la expresión oral, aprender una lengua extranjera requiere dedicar mucho tiempo a tareas menos entretenidas, como memorizar tablas de verbos, listas de vocabulario y reglas gramaticales. Nos guste o no, algunas asignaturas nos obligan a poner a prueba nuestra memoria.

Por otro lado, cuando practicamos algún deporte, utilizamos fórmulas de álgebra casi indescifrables o intentamos comprender el sentido de un poema, hay ocasiones en las que memorizar las normas, los hechos o las palabras no nos lleva a ningún lado. Aprenderemos practicando y guiándonos por nuestra intuición o por las corazonadas. A veces se tarda en apreciar la «lógica» que hay detrás de un deporte, de una ecuación o de leer una novela. Seguramente, necesitaremos algo de tiempo para entrenar, leer y pensar más allá de las normas.

Los adultos evitamos dejar un libro a medias para empezar otro que haya despertado nuestro interés, pero en ocasiones convendría afrontar el aprendizaje de forma más laxa. En algunos casos, deberíamos dedicar más tiempo a la reflexión y a recordar lo que hemos aprendido antes de continuar. Otras veces, dejar que nuestra mente vague libre nos llevará a encontrar esa inspiración que tanto buscamos.

No existe una única manera de aprender, por eso tenemos que recordar que cada disciplina requiere un método de aprendizaje distinto.

El éxito no depende solo de nosotros • Cuando los alumnos son un poco mayores, acuden con sus padres a los templos antes de un examen importante para rezar con la esperanza de sacar una buena nota. Visitar un templo es una forma de recordarnos lo mucho que valoramos nuestra educación, ya que requiere un acto físico: desplazarse hasta allí. Es una manifestación externa de nuestro compromiso interno. Ir al templo y comprar un talismán de buena suerte (sin olvidar, por supuesto, que los buenos resultados van acompañados del estudio) nos demuestra a nosotros mismos y a nuestras familias cuáles son nuestras intenciones y valores.

Si al final tenemos la suerte de sacar las notas que deseábamos, volveremos al templo para dar las gracias. No se trata solo de mostrar nuestra gratitud al *kami* que nos haya ayudado, sino que es una forma de dar las gracias en sentido general: a nuestros padres, que nos han apoyado; a nuestros profesores, que han compartido con nosotros sus conocimientos, y a nuestros amigos, que nos han ayudado a estudiar (por eso las visitas al templo suelen hacerse en compañía de los compañeros de clase). No hace falta ser creyente para dar las gracias. Una educación que ha seguido la filosofía del *chōwa* nos enseña que todo aprendizaje tiene un equilibrio, que no depende solo de lo que aprendemos, sino de quién nos lo ha enseñado. No alcanzamos nuestras metas solos.

Aprende un idioma
(para descubrir otros tipos de armonía)

Cuando intentamos traer el equilibrio a nuestra vida, cuando buscamos nuevas herramientas para aprender y crecer, estudiar otro idioma puede ayudarnos a encontrar la respuesta. A veces, la filosofía *chōwa* de nuestro propio país (es decir, la definición de lo que la palabra «armonía» significa o implica en cada idioma), nos impide ver todo lo que podríamos aprender de otros lugares. Por eso, cuando queremos encontrar nuestro propio equilibrio, aprender otro idioma no es solo una habilidad más que nos servirá a lo largo de nuestra vida, sino que también es una puerta a unos conocimientos que nos eran desconocidos.

Siempre me ha fascinado el mundo que hay más allá de mi país. Cuando era pequeña, la televisión estadounidense era muy distinta de la que se veía en Japón. Me enseñó que las mujeres podían ser a la vez fuertes y hermosas. Cuando veía series como *Los ángeles de Charlie* o *Embrujada,* me preguntaba cómo sería no estar limitada a vivir en un único país y qué podría conseguir si dominara otros idiomas.

Estos son algunos de los consejos que he aprendido, tanto como estudiante como en mi rol de profesora de idiomas.

Aprovecha tus conocimientos • El *chōwa* nos enseña a integrar todas nuestras experiencias y conocimientos para sacar el máximo partido de cualquier situación que se presente. Aprovecharemos lo que sabemos y no nos preocuparemos en exceso por lo que desconocemos. Cuando nos enfrentamos a un idioma completamente nuevo, todo lo que hemos aprendido (todo lo que sabemos) se convierte en una herramienta para alcanzar aquello que ignoramos. Decir unas pocas frases en otro idioma puede llevarte muy lejos. Estas son algunas frases básicas en japonés:

> Me llamo Akemi — *Watashi wa Akemi desu*
> ¿Qué tal estás? — *Hajimemashite*
> Encantada de conocerte — *Yoroshiku-onegai-shimasu*

Piensa de forma distinta • Estudiar otro idioma nos proporciona nuevas herramientas para encontrar el equilibrio. Incluso aprender un par de frases transformará nuestra mentalidad.

Por ejemplo, piensa en la forma japonesa de decir «encantada [o encantado] de conocerte». En realidad, esta es una forma algo simple de traducir la expresión *yoroshiku-onegai-shimasu.* Lo que significa literalmente es «gracias por tomarte tantas molestias por mí». Se dice cuando conoces a alguien por primera vez, pero también cuando dejamos a nuestro hijo o hija en el colegio, por ejemplo. En ese caso, pasa a significar «siento que mi hija sea un poco difícil». Con esta frase mostramos nuestra humildad y damos las gracias a los demás por estar ahí para ayudarnos.

La filosofía del *chōwa* constituye gran parte de cómo funciona el japonés. Muchos de mis alumnos dicen que, para ellos, es una especie de antídoto contra la forma de pensar que impera en la lengua inglesa. Yo también me he dado cuenta. Siempre estoy diciendo: «Me alegro de que...» o «Espero que...». En inglés, y en muchos otros idiomas, se abusa mucho del «yo, yo, yo» y se hace demasiado hincapié en cómo nos sentimos. En japonés no ocurre lo mismo.

Al adaptarnos a una nueva forma de pensar cuando aprendemos otro idioma, nos cuestionamos lo que para nosotros significaba vivir y hablar con otras personas y nos planteamos la existencia de otros tipos de armonía.

No te fíes de los cumplidos • Si alguna vez viajas a Japón y te comunicas en japonés, quizá escuches la frase *«nihongo ga jouzu desu ne»*. Significa «hablas muy bien japonés». ¡Pero no te confíes! Aunque solo son educados y rara vez lo harán para reírse de ti, lo más seguro es que aún te quede mucho por aprender. Siempre les digo a mis alumnos que respondan lo siguiente: *«Mada mada desu»*, que significa precisamente «aún me queda mucho por aprender». De este modo, se meten a los japoneses en el bolsillo.

まだまだ です

Mada mada desu

Cuando empiezas lo que yo llamo «la búsqueda del equilibrio», te comprometes con un aprendizaje que dura toda la vida, igual que cuando estudias otro idioma.

Fórmate durante toda la vida: no te detengas

Antes de ir a la universidad en Saitama, estudié lo que se conoce como etiqueta occidental. Seguro que te parece extraño si no eres de aquí, porque pensarás que las clases de etiqueta son algo más propio de 1880 que de 1980, pero, para mí, era la sucesión natural de mis estudios. Cuando era pequeña, la cultura occidental me fascinaba, así que quería aprender más sobre las normas y los códigos ocultos que hay detrás de la aparente elegancia del día a día de esas personas tan distintas.

Aprender a caminar como una mujer occidental fue una lección sobre la forma de encontrar mi propio equilibrio. Aprendí a sentarme y a levantarme con un libro apoyado sobre la cabeza, manteniendo una postura erguida. También aprendí a caminar con ropa y zapatos occidentales. Cuando llevas un kimono tienes que dar pasos muy cortos, pero cuando llevas un vestido con tacones, das zancadas más largas y seguras. Al principio, estaba claro que aquella no era mi forma natural de moverme por el mundo.

Nunca dejes de aprender • Hay quien considera que, una vez termina la enseñanza obligatoria o la universidad, su educación ha concluido, pero ese no es el caso de Japón. La filosofía del *chōwa* nos empuja a formarnos cada día y a ver la educación como algo que continúa a lo largo de toda la vida, ya sea porque estás aprendiendo a utilizar las nuevas tecnologías aplicadas a tu trabajo o porque quieres aprender una nueva habilidad, como tocar un instrumento o hablar otro idioma.

En Japón, incluso después de jubilarse, los mayores tienen un papel de liderazgo dentro de sus comunidades, por eso, para ellos, seguir con su formación es tanto un disfrute como un deber. Japón cuenta con uno de los mejores sistemas educativos del mundo pensados para la tercera edad.[27] Por ejemplo, mi madre, después de jubilarse, se apuntó a un curso de horticultura en la universidad. Siempre le ha gustado trabajar en el jardín, y hoy está a punto de convertirse en una horticultora de pleno derecho. En su tiempo libre, ayuda a sus vecinos a cuidar del jardín sin cobrarles nada.

Continuar formándonos durante el resto de nuestras vidas nos ayuda a estar preparados para cualquier eventualidad. Tengo amigos, tanto en el Reino Unido como en Japón, que han pasado por el trance de perder su trabajo o que han llegado a la edad de jubilación sin saber qué hacer con sus vidas, pero el ejemplo de mi madre los ha animado a seguir con su formación. Recuerda: cuanto más aprendas, mejor te enfrentarás a la siguiente etapa de tu vida. Todo lo que puedas aprovechar para tu situación, aprendas lo que aprendas, estará a tu alcance para que lo utilices cuando más lo necesites.

Como decía mi abuela, «te pueden robar las joyas, pero no pueden quitarte lo que has aprendido».

Aprende a no encajar

Cuando era pequeña siempre prefería jugar con chicos, así que para mí fue toda una conmoción estudiar secundaria en una escuela para chicas en Saitama. La experiencia me pareció espeluznante. Era como si, ahora que no había chicos a su alrededor, las demás hubieran desarrollado sus propias y extrañas costumbres, como levantarse la falda para abanicar con ella a las demás si hacía calor. Siempre insistían en ir juntas al baño, algo que a mí me parecía de mal gusto. Cuando una de las otras chicas me preguntó si quería ir al baño con ella, me negué. Le dije: «¿Qué pasa, no sabes ir tú sola?». Ella tenía quince años, así que podía apañárselas sola perfectamente. No respondió, pero se puso roja como un tomate y se marchó a toda prisa. Me sentí como si hubiera ganado una batalla aquel día, pero las otras chicas no se dejaron impresionar. Estaba claro que yo no iba a pasar por el aro, que no iba a encajar.

Cuando pienso en aquella época, comprendo que yo ya era consciente de lo ridículas que eran algunas de las situaciones que se vivían allí; pero la gente, independientemente del país que sea, no puede evitar la necesidad de encajar, aunque tal vez esa necesidad sea más obvia en Japón que en el Reino Unido. Cuando vuelvo a Japón, siempre miro a mi alrededor en el metro de Tokio y veo a todas las mujeres de mi edad con el mismo bolso de Louis Vuitton. Es imposible escapar. Ese es el precio que pagamos por una educación que pone especial énfasis en la importancia de no sobresalir, de encajar allí donde estemos. Una cosa es ajustarse a las normas de una institución o hacer lo que podamos para que los demás se sientan cómodos y relajados; pero tener miedo de hacer cualquier cosa que refleje nuestra verdadera personalidad es algo muy distinto.

Esta interpretación de lo que es el *chōwa* no se parece en nada a lo que significa buscar la armonía. A mi entender, para encontrar nuestro propio equilibrio, tenemos que aprender a defender lo que es más importante para nosotros. Cuando iba al colegio, interiorizar esto me costó bastante, pero poco a poco encontré formas de hacer las cosas a mi manera que no implicaran burlarme de las otras chicas. Al fin y al cabo, ellas tenían sus propias razones para querer encajar. Me apunté al club de guitarra y al de mandolina, en los que disfruté de la compañía de otras chicas más parecidas a mí. Cuando acababa el trimestre, un grupo de chicos de un colegio de Tokio venía a vernos a un concierto, así que también hice amigos fuera de la escuela. Las demás se metían con nosotras, pero creíamos que valía la pena.

Enseña a tus profesores: discutir también puede acercarnos a la armonía

La educación japonesa a menudo otorga una excesiva importancia a la armonía grupal, a ese *chōwa* que solo se alcanza con la cabeza baja y guardando silencio. Nos dicen tanto eso de «no contestes» o «no discutas» que, al final, dejamos de expresar nuestra propia opinión. Sin embargo, cuestionar cómo se hacen las cosas debería ser una rama esencial de nuestra educación, y también debería formar parte de la filosofía del *chōwa:* para mí, la única forma de alcanzar el equilibrio es desarrollar la fuerza suficiente como para ver con claridad lo que ocurre a nuestro alrededor, tanto para analizar la situación como para desafiar el *statu quo.*

Hay diversas formas de defender nuestra postura; con elegancia, claro, pero también con persistencia, porque solo así cambiaremos el mundo.

Aprende a discutir: cosas que mis alumnos me han enseñado • Creo que no comprendía con exactitud el significado de «terco» o «preguntón» hasta que empecé a dar clases a los adolescentes ingleses. Hoy en día aún trabajo como profesora de japonés en el Reino Unido y, aunque mis alumnos son optimistas, inteligentes y tienen muchas ganas de aprender, también son muy individualistas y lo debaten todo. ¡Me encanta! Han conseguido que aprecie el valor de opinar, de aportar tu granito de arena, de asumir cuando no tienes razón y de estar preparado para que tu postura sea cuestionada.

Aprende a discutir: cosas que la filosofía me ha enseñado • Siento un profundo respeto por el método socrático: por las preguntas persistentes e incisivas, por la búsqueda incesante de la verdad a través del diálogo. No me refiero al interrogatorio al que te somete un niño, a sus «por qué, por qué, por qué», pues una buena pregunta tiene que estar respaldada por un interés auténtico y no por la mera intención de provocar algún tipo de reacción en nuestro interlocutor. Sócrates sostenía que este método nos acercaba a la verdad, y yo también creo que podemos utilizarlo para acercarnos al equilibrio.

Otra de las ventajas del debate socrático era que servía para desenmascarar a aquellos que creían saberlo todo. Si alguien afirmara que su opinión es la verdadera, Sócrates respondería «¿y qué hay de esto otro?». Así, todos, tanto la persona que pregunta como la que responde y aquellos que asisten al debate, se replantearían su postura, y se crearía una atmósfera de introspección y humildad. Nunca dejes de hacer preguntas. Cuando formulamos nuestras dudas con la actitud adecuada, no solo aprendemos más, sino que, al hacer que nuestros maestros respondan cuestiones complicadas, ellos también aprenden.

Aprende las reglas rompiéndolas

Cuando vivía en Japón siendo una mujer divorciada, me di cuenta enseguida de que, con cada paso que diera en esa nueva vida, iba a romper alguna regla. Aprendí a esquivar las flechas que me disparaban sin perder la dignidad y, lo más importante, mi trabajo como profesora.

Cuando me casé por segunda vez, el divorcio todavía era tabú en Japón, acrecentado porque me casaba con un extranjero, el profesor de inglés con el que dirigía la academia. La primera vez que fuimos al ayuntamiento para que nos casaran, los funcionarios se negaron. Nunca habían casado a una mujer japonesa con un extranjero. Llamamos a la embajada británica para que interviniera, y solo así cedieron y nos dieron el certificado de matrimonio. Tendría que haber comprendido entonces que, si nos quedábamos en Japón, nos enfrentaríamos a todo tipo de obstáculos. Uno tras otro, cada nuevo contratiempo era un motivo más para mudarnos a Inglaterra y comenzar una nueva vida allí.

Mi experiencia «rompiendo las reglas» en Japón me abrió los ojos a aspectos que no conocía de mi propio país. Lo más importante que aprendí fue que, si no lo cuestionamos todo, si no buscamos respuestas, nunca alcanzaremos el equilibrio y la armonía en nuestras vidas.

Enseñanzas del *chōwa*:
aprende a aprender

Todo aprendizaje es, en el fondo, una manera de buscar el equilibrio

- ¿Qué intentas aprender ahora mismo? ¿Hay algo que practiques con frecuencia para mejorar?

- ¿Cuáles son tus metas en ese aspecto?

- ¿Qué método empleas para desarrollar esa nueva habilidad? ¿Te funciona?

- ¿Crees que probar un método distinto, como sesiones cortas pero intensas de estudio o largos periodos de reflexión, sería más útil para cumplir tus objetivos?

Enseña a tus maestros

Aprende a formular preguntas más certeras a tus profesores:

- Una pregunta cerrada (que se contesta con «sí» o «no») no suele ser muy útil, puesto que no conduce a ningún debate.

- Pregunta siempre de buena fe. Hacer una pregunta para la que ya conoces la respuesta a veces parece beligerante.

- Si quieres que te aclaren una duda concreta, formula preguntas más específicas. «¿Podría explicar exactamente cómo se hace…?».

- No recurras a preguntar «por qué» una y otra vez para disfrazar tu descontento. Si crees que se debe cambiar algo, dilo directamente, investiga sobre el tema u ofrece una alternativa. «¿Y si probamos…?».

- Prepárate para las respuestas más insólitas. Una vez, un monje pidió a su aprendiz que limpiara el jardín. El aprendiz barrió todas las hojas para que el jardín quedara perfecto, pero cuando su maestro volvió, descubrió que no estaba contento con el resultado. «¿No ha quedado suficientemente limpio?», preguntó el joven. El monje sacudió un árbol y unas pocas hojas cayeron al suelo. «Ahora sí que está perfecto», sentenció.

Un mantra para aprender, para enseñar y para vivir

- *Mada mada desu*: «Aún me queda mucho por aprender».

7

Lleva la armonía a tu vida laboral

«Cultiva una buena "postura mental".»
INSTRUCCIÓN QUE RECIBEN LOS DISCÍPULOS DE ARTES MARCIALES

Nuestra forma de trabajar está en constante cambio. Ahora estamos más conectados, podemos colaborar con personas que hablan otros idiomas, que tienen otras culturas e incluso que viven en otros continentes. Mis alumnos se sienten fascinados por la filosofía del *chōwa* y quieren forjar relaciones armoniosas entre distintas culturas dentro del ámbito laboral (doy clases de protocolo japonés para empresas en Londres y nunca había tenido tantos alumnos). Claro que no todo es perfecto; poco a poco se manifiestan los inconvenientes de este nuevo orden mundial: muchas corporaciones que operan a lo largo y ancho del mundo deben rendir cuentas por su avaricia y su falta de valores y escrúpulos. Es ahora cuando somos más conscientes de las terribles consecuencias del estrés, del *bullying,* de la discriminación por motivos de género y del acoso sexual en el trabajo. Ni siquiera los trabajadores autónomos se libran de estos problemas. Cuando buscan el equilibrio entre la vida laboral y personal, se convierten en sus peores enemigos. Además, limitarse a reconocer que existe un problema no es suficiente para garantizar el equilibrio dentro del trabajo.

Voy a utilizar la filosofía del *chōwa* para reformular nuestra manera de trabajar. Si afrontamos la vida laboral manteniendo una «postura mental» equilibrada, seremos más generosos y estaremos mejor preparados para realizar nuestro trabajo. También aprovecharemos muchas de las enseñanzas que aprendimos en los capítulos anteriores, como, por ejemplo, la escucha activa. El objetivo es que nos relacionemos mejor con nuestros compañeros y con los clientes, que sepamos compaginar de verdad la vida laboral y la personal y que nos expresemos de forma constructiva cuando no estemos de acuerdo en algo o cuando consideremos que la «armonía» de nuestro lugar de trabajo no funciona. Estas son, a grandes rasgos, las enseñanzas que te mostraré en este capítulo:

- **Prepárate para cualquier imprevisto.** Quiero que afrontes tu trabajo con la postura mental adecuada y que recuerdes la importancia de exteriorizar tu compromiso interno. Demostrar que estamos comprometidos con nuestro trabajo transforma por completo nuestro entorno laboral.

- **Recuerda que no eres una máquina.** Al pensar en el trabajo como en otra oportunidad para practicar «la búsqueda del equilibrio», apreciaremos mejor cómo funciona la oficina. Así, entenderemos que las empresas, como cualquier otro grupo de personas, forman una armonía precaria. No pienses que el equilibrio es más importante que alzar la voz contra un abuso o una sobrecarga de trabajo. Hay que recordar a los empresarios que muchos de nosotros llevamos demasiado tiempo aguantando un ambiente laboral tóxico.

Ser mejor persona

Hace algunos años, me invitaron al Festival Internacional de Artes Marciales, en Kioto, y tuve la suerte de sentarme en la mesa principal. No solo me codeé con algunos de los grandes artistas marciales de Japón, sino también con los titanes de la industria del país. Y no es nada fácil distinguir a unos de otros. De hecho, muchos de los mejores luchadores de Japón son empresarios de éxito.

No sé por qué, pero al verme rodeada de aquellas personas me sentía obligada a exhibir un comportamiento ejemplar. Todos tenían una postura perfecta; tanto era así que yo hacía un esfuerzo consciente para sentarme lo mejor posible y estar a la altura. Incluso su forma de comer era exquisita, la seguridad en sí mismos era palpable y, al mismo tiempo, se mostraban corteses y relajados. Era como observar un baile.

El hombre sentado a mi izquierda se presentó como *judoka* profesional. También resultó ser el presidente de una importante empresa de *software*. Le pregunté por qué le atraían las artes marciales. ¿Cómo hacía su trabajo y a la vez se dedicaba a una afición que requería tanto tiempo y esfuerzo físico? «Quería ser una persona mejor», dijo, sonriendo y encogiéndose de hombros. Me contó que acababa de perder un combate contra un joven aspirante a las olimpiadas, y hablamos del judo como deporte olímpico. El empresario tenía opiniones encontradas al respecto; decía que no veía el judo como un deporte, sino como un arte, y no se puede juzgar el arte con una medalla de oro, plata o bronce. Antes del combate, los contrincantes se inclinan ante un altar que hay dispuesto en el *dojo* y, si sus maestros están presentes, también se inclinan ante ellos. En el ambiente reinan la calma y el respeto, pues se entiende que el combate es un asunto de vida o muerte.

Los negocios se nutren del enfrentamiento, pero no olvidemos la importancia de nuestra actitud, nuestros valores y nuestra personalidad a la hora de trabajar. Si una empresa o un empleado se caracteriza por su honestidad, su cercanía y su fortaleza interna, cualquier pequeña pérdida o tropiezo se afrontará con elegancia, entendiéndose por elegancia el respeto hacia nuestros «contrincantes», la preparación para el «combate» y la dignidad en la «derrota». Igual que en las artes marciales, estos valores nos permiten superar hasta el peor de los resultados. Pero si lo único que nos empuja es el ansia de ganar, nada nos impedirá tomar malas decisiones o no tratar a nuestros colegas con respeto, y esos son los errores más graves que podemos cometer en el trabajo.

Quizá, como el judo, los negocios son más un arte que un deporte.

Kokoro-gamae: la mejor postura mental

El *chō* de *chōwa* es un carácter que significa «búsqueda» y «estudio», pero también «preparación». Quiero enseñarte una palabra en japonés que está muy ligada a este último significado del carácter *chō*, y de la que se aprende mucho sobre la «preparación» necesaria para encontrar el equilibrio en el trabajo. Aunque este término se asocie a las artes marciales, se aplica de la misma forma a hacer nuestro trabajo con la actitud adecuada.

心 構え
kokoro-gamae

Kokoro significa literalmente «corazón», pero también puede significar «espíritu» o «mente». *Gamae* quiere decir «postura» o «actitud». Además, cuando se usa como verbo, significa «prepararse».

Cuando estos dos caracteres se combinan, forman la expresión «estado mental» o incluso «postura mental», que se traduce como «preparación». En las artes marciales, el *kokoro-gamae* (la preparación o la rapidez mental) está intrínsecamente ligado al *mi-gamae* (la preparación de nuestro cuerpo, es decir, nuestra postura). Esta preparación que caracteriza a las artes marciales se extiende al ámbito empresarial. Todos coincidimos en que si alguien se sienta con los pies encima de la mesa o actúa como si su trabajo no le importase, tanto sus compañeros como sus clientes pensarán que no está preparado para hacer su trabajo.

No especificaremos lo que esa «preparación» significa para cada puesto de trabajo. Obviamente, no desempeñan la misma labor un profesor que un director de ventas, o un arquitecto y un trabajador social. Sin embargo, explicaré por qué equiparar el trabajo con la «búsqueda del equilibrio» llena de calma, generosidad, energía e ilusión nuestra vida laboral, sobre todo a la hora de hacer negocios con otras personas y de construir relaciones armoniosas con los clientes.[28]

Demuestra tu implicación • Muchos occidentales piensan que la manera en que los japoneses entregan su tarjeta de presentación es demasiado formal: extienden los brazos hacia delante y, sujetando la tarjeta con las dos manos, hacen una reverencia. Pero lo que los extranjeros consideran un gesto pomposo tiene un sentido y un propósito.

La forma en que una persona trata su tarjeta de visita es una demostración de su preparación; dicho de otro modo, de su «postura mental». Si alguien se muestra orgulloso de su tarjeta es porque también se enorgullece de su puesto en la compañía, y la calidad y el estado en el que se encuentre la tarjeta (que no esté arrugada por ir en el bolsillo porque se guarda en una funda especial, por ejemplo) indica su conducta a la hora de hacer negocios y de comportarse.

Cuando alguien te entregue su tarjeta, dedica unos segundos a observarla atentamente, sujetándola por una esquina para apreciar todos los detalles. Esto no es un mero formalismo, sino una prueba de que valoramos a la persona en cuestión y a su empresa.

No temas el silencio • En Japón no es raro que se haga el silencio durante una reunión de trabajo. Para algunos de mis alumnos ingleses, este silencio es perturbador. ¿Han dicho algo horrible? ¿Han cometido una ofensa imperdonable? Por lo general, la respuesta es no. Sus socios japoneses se limitan a ser educados y les dan la oportunidad de decir algo más si así lo desean.

En Japón se dice que el silencio es el aceite que hace que los engranajes giren con suavidad. Por eso es normal que se haga el silencio en las reuniones de negocios, porque todos practican la escucha activa y saben «leer el aire». Lo que aprendiste en el capítulo de las relaciones personales es aplicable a las relaciones laborales con tus colegas y clientes. Se aprende mucho de los demás prestando atención a la atmósfera que reina en una habitación.

Las reuniones en que se ponen en práctica los fundamentos del *chōwa* (por ejemplo, si todos los que participan en ella saben «leer el aire» de la sala y si el silencio no se considera algo negativo, sino una forma de mantener el equilibrio de la reunión) son mucho más productivas. A veces, basta con que haya una persona que incorpore el silencio en la conversación, porque, aunque no lo parezca, la calma es contagiosa.

Ten paciencia • Cualquiera que haya hecho negocios con una empresa japonesa sabe que son gente que necesita tiempo para familiarizarse con un extraño. La primera reunión con un cliente japonés será muy formal. Y la segunda. Y la tercera. Pero, después de este periodo de «toma de contacto», si al final trabajas con un cliente japonés, descubrirás que es uno de tus socios más fieles; de hecho, quizá se convierta en algo más que un mero socio comercial y se forje una amistad para toda la vida. Esto es aplicable a cualquier colega o cliente con el que interactuemos lo bastante como para conocerlo.

En nuestra vida profesional, sobre todo si esta consiste en vender nuestros servicios o los de nuestra empresa, llega un punto en el que olvidamos que la paciencia también es una virtud. Buscamos desesperadamente cosas en común con la otra persona, pero, en vez de tender puentes, los quemamos. La persistencia nos hace parecer desesperados o cargantes: «¡Hazme caso, por favor, hazme caso!».

Para la mayoría de las personas con las que trabajamos, en Japón y en cualquier otra parte, decidir si les caemos bien o mal no es una prioridad. Les interesan nuestras cualidades, nuestro carácter y cómo es la experiencia de colaborar con nosotros en un proyecto común. Averiguar todo eso requiere tiempo.

Filosofía *chōwa* en la oficina: encuentra el equilibrio en tu lugar de trabajo

Encontrar la armonía en el trabajo no es tan simple como llevarse bien con tus compañeros o con los clientes. Hay una montaña de expectativas, de fechas de entrega y de tareas que no deja de crecer; es difícil administrar el tiempo que pasamos trabajando, delegar responsabilidades o completar la jornada sin hacer alguna hora extra. En definitiva, no es nada fácil separar la vida personal del trabajo.

Llevar el *chōwa* a la oficina es fijarse en la situación de los que te rodean y en la tuya propia. Además, implica debatir y defender nuestra postura con imparcialidad, pero siendo fieles a lo que creemos.

Practica ejercicios de calentamiento antes de empezar el día • Lo primero que hacen muchos trabajadores japoneses al llegar a su puesto de trabajo, sin importar el tipo de empresa, es calentar al ritmo de los ejercicios que retransmite la emisora pública nacional, NHK. Ver a un grupo de empleados trajeados moverse al unísono con una expresión seria. Esta rutina diaria de calistenia se llama *rajio taisō* es todo un espectáculo.

Entre sus numerosas ventajas (además de activar la circulación y servir de calentamiento para la jornada de trabajo que se avecina), cabe destacar que es una manera de que todo el personal, desde el más alto cargo hasta el último becario, hagan algo juntos al mismo tiempo.[29] Hacer ejercicio en solitario ayuda a empezar el día con energía, pero hacerlo con tus compañeros de trabajo es la forma perfecta de recordar a todo el mundo algo obvio: que todos somos iguales y que el éxito de nuestro trabajo depende del esfuerzo de cada uno de los empleados.

Para hacer un calentamiento en grupo con tus compañeros de trabajo (aunque sea estirar un poco los músculos), lo mejor es empezar con sesiones cortas. Además, sé consciente de las preferencias de los demás, de sus límites y de la carga de ejercicio con la que se sienten más cómodos.

Apoya a tus compañeros: la figura del mentor en una relación entre el senpai y el kōhai • Para llevar la armonía a nuestra vida, no nos limitaremos a cambiar nuestra actitud dentro del ámbito familiar y personal y nos desentenderemos en cuanto salimos de casa para ir al trabajo. Me apena que haya tanta gente que, en lo que respecta a su empleo, nunca tiene en cuenta a los demás. Da igual que sean nuestros clientes o nuestros compañeros o, en un ámbito más académico, estudiantes o profesores. Si nos implicamos con nuestros compañeros de trabajo, todos nos beneficiaremos.

En Japón, la relación entre un empleado curtido y un recién llegado es un poco más formal que en Occidente, al menos, según mi propia experiencia. Tanto es así que tenemos una palabra específica para referirnos a las personas que empiezan en una empresa, «*kōhai*», y otra para aquellos que están por encima de él, «*senpai*». Tener un término concreto con el que designar este tipo de relación es otra manera de hacer hincapié en lo que aprendimos sobre la relación entre profesor y alumno. El respeto no se da por sentado, es un equilibrio que hay que alcanzar. Aunque a veces un *senpai* le tome el pelo a su *kōhai*, y aunque este último deba tratar al primero con respeto, ambos comparten una relación de aprendizaje activo, de mentor y discípulo. El *kōhai* se esforzará al máximo por aprender todo lo que pueda y dedicará toda su atención a las enseñanzas de su *senpai*. A su vez, el *senpai* hará todo cuanto esté en su mano para que su *kōhai* aprenda lo más deprisa posible y, con el tiempo, también él guíe a algún recién llegado.

En Japón es habitual que el *senpai* invite a su *kōhai* a cenar después del trabajo. No es solo una forma de relajarse al final de la jornada, sino que se convierte en una prolongación natural del aprendizaje. En estos momentos fuera del trabajo, ambos tienen la oportunidad de hablar de cualquier tema: del amor, la vida, la política, los problemas laborales y sus planes para el futuro.

Un buen jefe entiende que es imposible eso de «dejarse los problemas en casa» o «dejarse el trabajo en el trabajo». Es habitual que el trabajo altere nuestra vida familiar, del mismo modo que las responsabilidades y los conflictos propios del hogar entorpecen nuestra labor. Al apoyar a las personas con las que trabajamos, sobre todo cuando atraviesan una época difícil, practicamos uno de los fundamentos del *chōwa:* responder con la mayor generosidad posible ante cualquier situación.

- ¿Qué puedes hacer para guiar mejor a un nuevo compañero?

- ¿De qué maneras mejorarías tu proceso de aprendizaje en el trabajo?

Encuentra el equilibrio entre la vida laboral y personal •
Si te pasa como a mí, te resultará difícil encontrar un poco de tiempo libre que dedicar exclusivamente a ti. Despreocuparte, aunque sea un momento, de algo que consideras prioritario es casi imposible.

Lo que hagas con tu tiempo libre depende de ti y de tus aficiones. No olvides valorar del mismo modo el tiempo de trabajo y el tiempo de ocio cuando organices tu día a día.

Como ya mencioné en el primer capítulo, cuando llegamos a casa, pensamos en la relajación no como una pérdida de tiempo, sino como una forma de prepararnos. Relajarse es otra manera de entrenar esa «postura mental» *(kokoro-gamae)* que puliremos para hacer frente al mañana y a todos los días que le siguen.

Valora tu tiempo libre como se merece. Quizá no suene muy relajante, pero siempre he llenado cada minuto de mi tiempo aprendiendo y manteniéndome activa. A mi marido Richard, esta necesidad continua de estímulos y de trabajo le parece agotadora. Al final llegamos a un acuerdo. Cuando tenemos tiempo libre juntos, hacemos planes, como, por ejemplo, salir a pasear o ir al museo.

Antes, cuando identificaba mi tiempo libre como tiempo de «descanso», me costaba mucho más concedérmelo y disfrutarlo. Si a ti también te cuesta «cambiar el chip», no tienes por qué hacerlo. Planificar lo que vas a hacer en tu tiempo libre, aunque sea leer un libro o cocinar en familia, te ayudará a valorar esos momentos en los que no estás trabajando.

#WeToo: movimiento contra la violencia y la discriminación sexual en Japón

El movimiento del #MeToo ha tardado en llegar a Japón, porque allí es difícil denunciar algo de forma pública y que después no se utilicen tus palabras contra ti. Cuando digo esto, pienso sobre todo en mujeres jóvenes de la industria del entretenimiento que han tenido que pedir perdón por dar la cara y denunciar que habían sufrido abusos.[30] Tengo amigas que han intentado llevar su caso ante la justicia y solo han conseguido para que las amenazaran con tomar acciones legales en su contra. A las mujeres nos han enseñado una y otra vez que, cuando alzamos la voz contra la violencia de género, sobre todo en el ámbito laboral, nuestras carreras e incluso las de nuestros seres queridos peligran.

Por eso, cuando se puso en pie el movimiento #WeToo para hacer frente a los prejuicios de la sociedad japonesa contra las víctimas, se reformuló el debate con el objetivo de centrar el foco en lo que se necesita para construir espacios de trabajo en los que haya tolerancia cero contra la violencia y el acoso a la mujer. El movimiento #WeToo desafía una cultura en la que alzar la voz está mal visto. Su meta radica en aprovechar el poder de aquellos que ostentan cargos en el ámbito judicial y conseguir el apoyo de los líderes de la industria comprometidos con cambiar el sistema. También se centra en transformar la manera en que se habla sobre la violencia sexual y el acoso en público para que por fin se escuchen las voces de las mujeres.[31]

Alza la voz para defender lo que de verdad importa

En Japón tenemos un refrán relacionado con las quejas en el trabajo:

kusai mono ni, futa wo suru
«Si huele mal, tápalo».

Este es, seguramente, el menos «sabio» de todos los proverbios japoneses. Si nadie alza la voz, nunca cambiará nada. Pero, en Japón, esta enseñanza ha calado hondo, sobre todo entre los más mayores. La presión de no quedar en mal lugar y de preservar la integridad de una empresa o la reputación de un jefe empuja a la gente a hacer cualquier cosa para mantener el *statu quo*.

Este miedo a hacerse oír no es exclusivo de mi país. El miedo y el peligro son reales. Si no elegimos el momento oportuno con mucho cuidado, a lo mejor nos metemos en problemas, sin importar que estemos en nuestro derecho a denunciar algo o que la causa sea justa. Además, cuando se trata de hacer frente a un abuso de poder, a un acosador o a una injusticia (o si cuestionamos la manera de trabajar en nuestra empresa), queremos evitar ese sentimiento de inseguridad y que nuestra voz suene fuerte y clara. Estas son algunas ideas sobre qué debes hacer y cuándo es el mejor momento para dar un paso al frente.

Infórmate bien • Uno de los fundamentos más importantes del *chōwa* es la preparación, averiguar cuáles son las circunstancias de un hecho antes de actuar en consecuencia. Cuando buscamos el equilibrio en nuestro trabajo, tenemos que informarnos sobre cuál es la postura de la empresa respecto a lo que nos preocupa. Si es alguna práctica de negocios, investiga por qué tu organización actúa de esa manera y si se ha procedido de otra forma en algún momento o si se ha planteado un cambio. Tantea a alguien que lleve más tiempo en la compañía, una persona en la que confíes, para reunir toda la información posible antes de hacer algo al respecto. Quizá seas la única persona lo bastante valiente como para hacer ciertas preguntas. A lo mejor hay muchos otros que opinan como tú, pero que, por alguna razón, no han querido o no han encontrado una manera de denunciar la situación. Este es el caso de muchas amigas y mujeres con las que he trabajado en Japón en lo que respecta al acoso laboral, al acoso sexual y al machismo. Te animo a que busques, hables y compartas tus experiencias con otras personas que estén pasando por lo mismo que tú.

Para aquellos que quieran leer sobre el sexismo o publicar su propia experiencia, os recomiendo la página web *everydaysexism.com* y la cuenta de Twitter asociada.* Algunas de las

* La web *Everydaysexism.com* es un proyecto internacional y tiene un apartado para España (y en muchos otros idiomas). Su cuenta de Twitter en

historias que aparecen en esta página os resultarán demasiado familiares, y quizá otras os parezcan terribles. Sin embargo, en un mundo en el que muchas de nosotras tenemos la sensación de que no podemos compartir este tipo de sucesos, también pueden hacernos sentir mucho menos solas.

A los lectores que os encontréis en Japón o a los que queráis informaros sobre discriminación, sexismo y violencia contra la mujer, os recomiendo el trabajo de la periodista Shiori Ito, especialmente su documental *Japan's Secret Shame* (2018), «La vergüenza oculta de Japón».[32]

Si queremos que reine la armonía en el entorno laboral, no podemos callarnos ante las injusticias y las malas prácticas. La mejor forma de actuar en estos casos, según la filosofía del *chōwa,* es buscar a aquellos compañeros con los que compartamos una causa. Cuando propongamos una nueva forma de hacer las cosas (o cuando defendamos públicamente una causa justa), habrá más posibilidades de que nos escuchen si contamos con el apoyo de otras personas. «Nosotros» tiene mucha más fuerza que «yo».

Haz preguntas • Cuando hacemos una pregunta, no denunciamos ni atacamos a nadie. Preguntar es una forma milenaria de expresar nuestro desacuerdo o nuestra discrepancia. En lugar de decir «no creo que las cosas deban hacerse así», reformula tu propuesta en forma de pregunta: «¿Por qué se hacen así las cosas?» o «¿habéis pensado en actuar de otra forma?». Algunas empresas intentarán por todos los medios esquivar estas cuestiones. Si planteamos nuestras dudas primero en privado y luego, en caso de no estar satisfechos, en un ámbito más público, conoceremos mejor a nuestros superiores y les demostraremos a nuestros compañeros lo que ya sabíamos.

Cuenta la verdad • A las empresas no les gusta plantearse cuestiones incómodas como el estrés de sus empleados o la

español es @SexismoES. *(N. de la T.)*

discriminación por motivos de género, más aún si hablamos de Japón. Muchos lo consideran una distracción innecesaria. Los empresarios y los jefes de personal priorizan por encima de todo la «armonía laboral», una idea adulterada de lo que realmente es el *chōwa,* cuyo único objetivo es que los empleados trabajen bajo cualquier circunstancia.

Aunque esta problemática no es exclusiva de Japón, allí muchas de estas cuestiones se han agravado en los últimos años. Por ejemplo, se dan bastantes casos de hombres de negocios que consumen pornografía en el tren de camino al trabajo o de tocamientos inapropiados a mujeres y niñas (también en el transporte público).[33] Hasta hace muy poco, en una facultad de Medicina de Tokio, las notas de los exámenes de acceso se manipulaban para garantizar que hubiera más hombres que mujeres en la profesión.[34]

Numerosas empresas comparten la política de no denunciar los abusos sexuales para preservar la «armonía» en el trabajo, y se estima que un 95 % de los casos de violencia sexual del país nunca llegan a denunciarse.[35]

La preservación de esa falsa «armonía» y del *statu quo* sirve como pretexto para que se produzcan estos abusos. Es una flagrante malinterpretación de la idea del *chōwa* que busca un «equilibrio» que beneficia a una pequeña minoría. Cuanto más saquemos la verdad a la luz, más cerca estaremos de alcanzar un equilibrio real en nuestro lugar de trabajo.

Ni el momento ni el lugar • Cuando mi primer marido y yo nos separamos, pasé unos meses muy complicados decidiendo qué hacer con mi vida. Al final resultó que la respuesta estaba justo delante de mí. Siempre me había apasionado aprender inglés. Me fascinaba la cultura británica, la etiqueta, el sistema de clases, la historia de la democracia británica, el movimiento de las *suffragettes* para reivindicar el voto femenino y, por supuesto, las películas (mi favorita era *My Fair Lady).* Por eso, decidí crear una academia de inglés en Saitama, en la que daba clases de inglés británico en lugar de la variante norteamericana.

Los hombres que conocí siendo directora de la escuela me preguntaban sin tapujos qué hacía yo, una mujer joven, en ese puesto. Algunos se reían de mí y otros apartaban la vista, incómodos. Que una mujer joven tuviera su propio negocio era casi inconcebible. Como mujer, mi única ocupación tenía que ser la de vestir con elegancia, servir a mi esposo y no hablar de negocios.

Quizá te hayas percatado de que Hello Kitty, ese famoso personaje que representa a una niña pequeña con rasgos felinos, no tiene boca. Esto no es casualidad. Desde mi etapa como estudiante hasta que entré en el mundo laboral, me quedó claro que, igual que Hello Kitty, mi cometido era ser guapa, dulce y no abrir la boca. La situación mejoró un poco cuando me mudé al Reino Unido, pero esos problemas también forman parte de la sociedad inglesa.

Cuando tenía la academia de inglés en Saitama, acudía cada mes a una reunión de empresarios locales del distrito. De los veinte empresarios que nos reuníamos, solo dos éramos mujeres. La otra era propietaria de un *hostess club,* un local en el que se sirven bebidas y los hombres pagan por conversar con chicas jóvenes. Cuando terminaba la reunión, siempre nos invitaba a su negocio. Yo también iba, aunque se notaba que no era bienvenida. Me sentaba en aquel antro con los demás empresarios, casi todos mayores de sesenta años, mientras las chicas filipinas y tailandesas que trabajaban allí se arrodillaban para servirles copas y los llamaban *sensei* o «maestro».

El momento y el lugar adecuado para este tipo de «entretenimiento» no era, desde luego, el de una reunión de un grupo mixto de mujeres y hombres de negocios. En aquel ambiente no me sentía valorada ni respetada por los demás empresarios, sino humillada.

Ojalá pudiera decir que todas esas experiencias me han hecho más fuerte y que he aprendido mucho de llevar un pequeño negocio siendo una mujer joven y divorciada en Japón. En cierto modo, así fue, pero el sentimiento general era el de ser atacada una y otra vez. Al menos, poder contar esto ahora es una señal de que las cosas están cambiando, poco a poco, a mejor.

Enseñanzas del *chōwa:* lleva la armonía a tu vida laboral

Los beneficios del *chōwa* en una reunión

- Planifica con antelación los temas que necesitas debatir en la reunión, qué cuestiones merece la pena proponer al grupo y cuáles se resolverían de manera más eficiente por correo electrónico o en privado.

- Cuando empiece la reunión, presta toda tu atención a la persona que esté hablando. Responde solo cuando te pregunten tu opinión.

- Si nadie tiene nada más que añadir, resiste la tentación de llenar ese silencio. Al contrario, utilízalo para ordenar tus pensamientos y prepararte para el siguiente punto de la agenda.

Construye relaciones equilibradas con tus compañeros y clientes

- No pienses en ganarte la confianza de una persona como si fuera una batalla. Cuando pecamos de entusiastas, sobre todo si queremos vender algo, lo único que conseguimos, en el mejor de los casos, es forjar una conexión superficial que nos impedirá conocer de verdad al otro. En el peor de los casos, agobiaremos a la otra persona al intentar ganarnos su confianza demasiado rápido.

• Ya sea un colega o un cliente, japonés o no, dedica tiempo a vuestra relación y a conocer a esa persona. Esta es la mejor manera de alcanzar un acuerdo fructífero y de trabar nuevas amistades sin poner en peligro la armonía de vuestra relación.

#WeToo

• Basta con buscar el hashtag #WeToo en Twitter para ver el alcance de este movimiento. El #WeToo lucha por mejorar las condiciones laborales de la mujer y cambiar la actitud de la sociedad ante el abuso y el acoso sexual y la discriminación por cuestiones de género, tanto en el trabajo como en cualquier otro ámbito de nuestra sociedad. Desde Japón a Corea del Sur, desde Australia hasta la India y también en el Reino Unido, el movimiento #WeToo quiere mejorar las vidas de las mujeres de todo el planeta.[36]

8

No te limites a cambiar tu vida, cambia el mundo

«Si no hubiera aprendido, en tiempos de paz,
a mirar con más serenidad la vida».

ŌTA DŌKAN (1432–1486)[37]

El *chōwa* nos muestra qué hacer para que los demás estén más cómodos con nosotros. También nos enseña a dejarnos llevar y a incorporar un espíritu de flexibilidad y realismo a nuestra vida. Pero la armonía no nace por sí sola, y buscar el equilibrio no es tan fácil como aceptar las cosas tal y como son. Hay personas que toleran las injusticias porque creen que así es como funciona el mundo. Para ellos, el funcionamiento de la sociedad, la «armonía» mundial que predomina por encima de nosotros mismos y de nuestros actos, está bien como está. No obstante, cuando sufrimos en nuestras propias carnes la discriminación o cuando somos testigos del sufrimiento de aquellos a los que la sociedad ha fallado o a los que perjudican nuestros actos, descubrimos lo que se esconde detrás de una injusticia: un desequilibrio que debemos enmendar.

Gran parte de lo que hará que las cosas cambien a mejor (en nuestro trabajo, con la familia o dentro de nuestras comunidades) consiste en escuchar a los demás y compartir tanto su alegría como su tristeza. Hablar sobre lo que nos causa dolor, estrés o inquietud y sobre cómo nos afectan nuestras experiencias es una forma de aligerar esa carga. Escuchar de forma activa a los demás consiste en darles la oportunidad de descargar su conciencia. No obstante, algunos queremos llegar más lejos y hacer algo más. Cuando comprendemos el alcance de las raíces del odio o escuchamos los llantos de las víctimas de una catástrofe, tenemos la responsabilidad no solo de escuchar, sino también de aprender. Y, una vez hemos investigado y nos hemos preparado (esa parte es el *chō* de *chōwa),* depende de nosotros sacar las fuerzas necesarias para actuar en consecuencia, como individuos o en comunidad. En este capítulo veremos cómo el *chōwa* ha inspirado mis propias acciones benéficas, primero con la Burma Campaign Society y luego mediante la organización benéfica que fundé, Aid for Japan (Ayuda para Japón), con el objetivo de auxiliar a los niños que perdieron a sus padres a raíz del terremoto y el tsunami de Tōhoku, en 2011. Las principales enseñanzas que quiero transmitir son las siguientes:

- **Ábrete al dolor de los demás.** Para ayudar a los que te rodean y cambiar las cosas, empieza por escuchar lo que esas personas tienen que decir. Este es, en sí mismo, un acto de generosidad. El *chōwa* consiste en compartir la carga del dolor ajeno y, si podemos, aprender de él.

- **Haz los deberes: no actúes sin haberte preparado.** Ya hemos hablado de encontrar el equilibrio con un enfoque más activo (la parte *wa* de *chōwa).* Pero, antes de pasar a la acción, debemos investigar sobre las cuestiones en las que queremos implicarnos, aunque pensemos que ya controlamos el tema o aunque la materia nos apasione. El *chōwa* se basa en utilizar todos los medios a nuestro alcance para ayudar y colaborar con los demás con el fin de construir una comunidad mejor. Eso significa buscar apoyos antes de ofrecer nuestra ayuda. También preguntaremos a aquellos que nos necesiten «¿cómo puedo ayudarte?» en lugar de tomar la decisión por ellos.

«No hace falta que me lo paguéis»

El 10 de marzo de 1945, una única incursión aérea destruyó más de cuarenta kilómetros cuadrados de la ciudad de Tokio. Las bombas atravesaron los tejados. Algunas se activaban al impactar. Otras derramaban napalm unos segundos después de caer y prendían fuego a las casas tradicionales japonesas, que estaban construidas con los mismos materiales que la casa de mi familia: madera, papel, paja y tierra apisonada. Murieron más de cien mil civiles, y más de un millón de personas perdieron su hogar.[38] Desde el exterior de la granja de mi abuela, mi madre, que entonces era una niña pequeña, vio Tokio arder. Aún recuerda la luz de los incendios, tan brillante en la noche que parecía mediodía.

Cuando los refugiados de los bombardeos huyeron en masa de la ciudad, mi abuela dijo que quería hacer algo para ayudar. Su familia no tenía dinero para comprar ropa nueva o construirles una casa, pero ella aprovechó todos los recursos que tenía a su alcance para aliviar su dolor. Bañarse de forma regular y mantener una buena higiene corporal es un lujo que en Japón valoramos. No lavarnos como es debido nos provoca mucha angustia, sobre todo después de una catástrofe. Dado que la familia de mi madre fabricaba cajas de madera de paulonia, tenían un pequeño bosque no muy lejos de la casa, junto al que había una bañera exterior bastante grande en la que cabían tres o cuatro personas a la vez. Mi abuela organizó una cadena humana para llenar la bañera con agua limpia sacada de un lago cercano y que habían calentado previamente. Mi madre participó en esa cadena, y también otros niños del pueblo. Se formaba entonces una cola de supervivientes que se bañaban en grupos de tres o cuatro a la vez. Meterse hasta los hombros en agua caliente tiene un efecto relajante, incluso para aquellos que atraviesan todo tipo de penurias. Allí, los supervivientes podían descansar, encontrar un momento de paz en medio del caos y hablar con los demás. Se bañaban, se quitaban el hollín y los químicos de la piel y continuaban con su viaje.

Debido a los bombardeos aéreos y las exiguas cosechas de 1944 y 1945, el sistema de racionamiento continuó incluso después de que acabara la guerra. Solo aquellos que, como mi abuela, cultivaban su propia comida lograron evitar el hambre. Sin embargo, los vecinos de mi abuela no tenían granja ni ningún otro medio para producir o comprar víveres. Un día llegaron a casa y le pidieron ayuda a mi abuela. No tenían dinero para comprar comida. Ella tampoco tenía dinero, pero les dio un saco de arroz.

—No hace falta que me lo paguéis —les dijo—. Es un regalo.

La familia sobrevivió gracias a ella.

Años más tarde, cuando mi hermana empezó a estudiar en un colegio nuevo, descubrió que una de sus compañeras descendía de esa misma familia. Recuerdo que, al llegar a casa, nos contó que una de las niñas de su clase se le había acercado para darle las gracias por lo que nuestra abuela había hecho.

La generosidad de mi abuela nacía del espíritu del *chōwa,* de pensar con la cabeza fría en qué necesita una persona para sobrevivir y qué podemos hacer para ayudarla.

Cuando pasaron los años y yo pensaba en crear mi propia organización benéfica, planteé exactamente las mismas preguntas, no solo a mí misma, sino también a quienes deseaba ayudar: «¿Qué es lo que más necesitas? ¿Qué puedo hacer para dártelo?».

Cómo superar el odio

Muchas personas colaboran con alguna organización benéfica o participan en acciones comunitarias cuando se trata de un problema que han vivido o que han visto de cerca. En mi caso, fue por culpa de un cúmulo de experiencias que viví cuando creía que ya había alcanzado el equilibrio en mi vida. Aquello me hizo sentir igual de vulnerable que cuando había llegado al Reino Unido y confirmó mi mayor temor sobre lo que los ingleses pensaban de la gente como yo.

Hace más de dos décadas, di una charla sobre cultura japonesa en un colegio en Ipswich. Después de la conferencia, en cuanto terminé de hablar, un anciano se levantó, vino directo hacia el escenario y empezó a gritarme. Me dijo que era un veterano de la Segunda Guerra Mundial. Había combatido en el ejército británico en Myanmar, antiguamente llamada Birmania. Los japoneses lo habían capturado y hecho prisionero en un campo de concentración. Allí, lo habían torturado, y muchos de sus amigos no habían sobrevivido. Me dijo que nunca perdonaría a mi país ni a mi gente. «Odio a los japoneses», sentenció.

Vocaliza ese odio • El resto de las personas allí presentes salió en mi defensa. Le dijeron que yo era demasiado joven como para haber participado en aquello, que no era culpa mía. Yo los tranquilicé, aclaré que no pasaba nada, que quería hablar con él. Cuanto más hablaba el hombre, más comprendimos todos el alcance de su dolor. Poco a poco se calmó y empezó a emocionarse. La ira y la frustración por no ser escuchado fueron disolviéndose. Contó que, al volver de la guerra, le había resultado imposible adaptarse a la vida de civil. Tenía unas pesadillas horribles. A veces sentía que su propia familia conspiraba contra él. Ahora se arrepentía de haber sido una carga para su mujer y sus hijos. Ya no los veía y se sentía muy solo. Después del trauma que sufrió en aquel campo de concentración japonés, nada había vuelto a ser como antes.

Aquella no ha sido la única vez que me he topado con alguien que me odiaba por lo que yo representaba, ya fuera por mi país de origen o simplemente por ser inmigrante. Entonces comprendí que aquel problema no iba a solucionarse por sí solo. Mientras los japoneses no entendieran las razones de ese odio y mientras los británicos no tuvieran la oportunidad de hablar con nosotros sobre ello, el veneno del odio seguiría extendiéndose.

Entiende de dónde procede el odio • Quería saber más sobre este tema, así que acudí a una charla en la Escuela de Estudios Orientales y Africanos, en Londres. El ponente se llamaba Masao Hirakubo. Había servido como oficial del ejército en Myanmar durante la Segunda Guerra Mundial. Al jubilarse, había empezado a escribir cartas a otros oficiales, tanto de Japón como del Reino Unido, que también habían combatido en Myanmar o en los alrededores, y cada año organizaba una reunión con ellos en la catedral de Coventry. El objetivo de esos encuentros era alcanzar la paz, la reconciliación y comprender las razones que conducían a los antiguos soldados a acumular un odio tan lacerante hacia los combatientes del bando contrario y hacia su país. Tras oír su ponencia, empecé a trabajar para Masao Hirakubo y para la Burma Campaign Society, con los que colaboré durante casi diez años.

Hirakubo se había unido al ejército japonés en 1942 y había alcanzado en poco tiempo el rango de teniente. Durante la charla explicó con todo detalle cómo les habían lavado el cerebro, tanto a él como a sus camaradas, después de años de educación bajo el gobierno militar y la ideología del Estado japonés. Por aquel entonces, le era sumamente fácil pensar en el enemigo como en seres infrahumanos. Nunca había conocido a un occidental en persona antes de encontrárselos en el campo de batalla. Yo solo tenía que pensar en lo que mi propia madre había hecho cuando iba a primaria para comprender lo peligrosa que era esa ideología: me contó que ella y sus compañeros de clase habían afilado sus *naginata* para luchar contra los soldados estadounidenses en un combate a muerte en caso de necesidad.

Perdona a tus enemigos • Cuando lo conocí, Hirakubo era un hombre muy mayor, así que yo lo ayudaba en sus viajes, llevaba sus maletas, organizaba los eventos y me encargaba de la publicidad. Entonces solo éramos tres: una mujer británica llamada Phillida Purvis, el propio Hirakubo y yo misma, así que tenía la sensación de que mi labor era importante. Las reuniones anuales en la catedral de Coventry me parecían conmovedoras. Los hombres se reunían, se saludaban dándose un apretón de manos y se decían unos a otros: «En aquella época solo queríamos cumplir con nuestro deber y luchar por nuestro país. Éramos buenos soldados. Hoy, podemos ser amigos». Hirakubo supervisaba los actos y, en la reunión de cada verano, se encontraba con un número menor de sus antiguos camaradas y enemigos.

Hoy en día quedan muy pocos de aquellos supervivientes. Hirakubo recibió la Orden del Imperio Británico a la edad de ochenta y cuatro años por su trabajo para la reconciliación. Falleció mientras dormía cuatro años más tarde.[39]

Para ayudar a los supervivientes:
Aid for Japan

El 11 de marzo de 2011, un brutal terremoto de magnitud 9.0 golpeó la región de Tōhoku, en el noreste de Japón. Aquel seísmo y el tsunami que le siguió dejaron unos 25 000 muertos y más de 500 000 personas sin hogar. Además, más de 1200 niños perdieron a su padre o a su madre, mientras que otros 250 se quedaron completamente huérfanos.

La noche del 11 de marzo, mi hija me llamó para que encendiera la televisión y me pasó un enlace en el que seguir en directo las noticias. Nos quedamos bastante rato al teléfono, viendo una y otra vez las mismas imágenes de la catástrofe. La marea retirándose de la costa. La ola arrasando todo a su paso, reforzada por el fango y los escombros que arrastraba. Conforme seguía su avance, derribaba el tendido eléctrico y barría del mapa edificios y personas: familias enteras, padres, madres y, por desgracia, también niños.[40]

Prepárate todo lo que puedas antes de empezar • Ni mi hija ni yo podíamos dejarlo todo, coger el primer avión que saliera del aeropuerto y viajar a Japón. Ella tenía varios proyectos pendientes para la universidad. Yo acababa de aceptar un encargo como traductora. Decidimos terminar lo que teníamos entre manos antes de actuar. Las dos coincidimos en prepararnos lo mejor que pudiéramos antes de viajar a Tōhoku para ayudar.

Si quieres realizar una obra benéfica, te recomiendo por encima de todo que primero te asegures de estar en el lugar adecuado. La filosofía del *chōwa* consiste en encontrar nuestro equilibrio sin dejar de ser conscientes de nosotros mismos y de los demás, sobre todo al ayudar a otros.

Define lo que quieres conseguir • Cuando mi hija y yo estábamos viendo las noticias, no podía dejar de pensar en los niños cuyas escuelas se habían construido en terreno elevado, que habían visto con sus propios ojos cómo el agua se tragaba su hogar y el resto de la ciudad. Mi corazón estaba con aquellos niños. Recordé mi experiencia en Japón como madre soltera, lo terrible que es vivir solo en un país en el que cada aspecto de la sociedad gira en torno al núcleo familiar. Ser huérfano, a la hora de buscar un empleo o encontrar pareja, es tan malo como ser hijo de una madre divorciada. Y yo sabía mejor que nadie lo difícil que era aquello.

Decidí crear una organización benéfica para ayudar a esos niños, a los huérfanos del tsunami. Quería hacer todo lo que estuviera en mi mano para que recibieran una educación, al menos hasta que fueran adultos y se valieran por sí mismos. Aquel fue el comienzo de Aid For Japan.

Investiga todo lo que puedas • Además de ocuparme de los asuntos legales y burocráticos necesarios para poner en marcha una organización, me preocupaba mucho si hacía o no lo correcto para esos niños. Por eso me puse en contacto con varias organizaciones benéficas y sin ánimo de lucro y hablé con varios profesores universitarios, tanto del Reino Unido como de Tōhoku, sobre mis ideas para Aid For Japan.

Una de las partes más importantes de mi investigación fue el viaje a Tōhoku, que retrasamos hasta diciembre de ese mismo año. Visitamos tres orfanatos distintos, y también fuimos a las casas en las que los niños vivían con sus familiares más cercanos. En una de esas visitas nos reunimos con los tíos de una niña que había perdido a sus padres, a sus abuelos y a su hermana en el tsunami. Aquí me referiré a ella como «Miki-san».

Recuerdo que la niña estaba jugando fuera, disfrutando del sol con sus amigos. Aquel mismo sol se reflejaba en una foto que había en la repisa de la chimenea. Era de la hermana de Miki. Solo tenía un año menos que ella. Si hubiera sido un poco mayor, habría estado en el colegio cuando la ola había llegado y se habría salvado. Miki había perdido a sus padres, a sus abuelos, a su hermana pequeña y a su gato. Por el momento, sus tíos cuidaban de ella, pero ellos también tenían hijos y no podían seguir así durante mucho tiempo. Iban a enviarla a un orfanato. El índice de adopción en Japón es muy bajo, así que lo más probable era que Miki pasara los próximos seis años, como mínimo, sin un hogar.

El carácter *chō* de *chōwa*, como ya sabrás, también aparece en el verbo «investigar». El primer paso para llevar un equilibrio real a las vidas de los demás es averiguar todo lo que puedas sobre su situación, descubrir qué necesitan. También piensa en cómo contribuir a una causa de la mejor manera posible (igual que hizo mi abuela cuando pensó en los recursos de los que disponía).

Investigar no significa solo recopilar datos sobre un tema, también consiste en entender de la forma más clara posible la situación de las personas a las que deseas ayudar. Esto supone pensar en lo que necesitan en ese momento y en lo que necesitarán en el futuro. Cuando pidas consejo a alguien sobre la mejor forma de proceder, pregunta siempre que sea posible a las personas que necesitan tu ayuda. ¿Qué puede hacer sus vidas más fáciles? ¿Cómo podrías aliviar su sufrimiento? Descarta cualquier idea preconcebida que hubieras barajado.

Aprovecha la ayuda de tu comunidad • Hablé con todos los amigos y alumnos que pude sobre mis planes para esta nueva organización benéfica. Ellos me plantearon cuestiones muy interesantes que me ayudaron a replantearme mis ideas y mis motivaciones. Uno de mis alumnos me invitó a hablar sobre el tsunami en la radio, en un programa del fin de semana. Unos días más tarde, un abogado que había escuchado el programa se puso en contacto conmigo y me ofreció asesoramiento jurídico gratuito para ponerlo todo en marcha. Mis alumnos me ayudaron con la recaudación de fondos, y no pasó mucho tiempo hasta que tuve lo suficiente para ponerme manos a la obra.

No se trata de lo que ya has hecho; se trata de lo que puedes hacer después • Aid For Japan organiza cada verano un curso con alojamiento incluido en Japón. Es una oportunidad para que los voluntarios ingleses y los huérfanos del tsunami interactúen y se diviertan juntos. El curso proporciona un amplio abanico de actividades cuyo objetivo es estimular la autoestima de los niños y mejorar su nivel de inglés. Por ejemplo, realizan ejercicios en los que se fomenta el trabajo en equipo, visitan algún refugio de animales y aprenden sobre las diferencias culturales entre el Reino Unido y Japón. Muchos de nuestros voluntarios regresan con amistades para toda la vida. Aid For Japan también tiene un programa especial en el que los huérfanos del tsunami visitan el Reino Unido y se quedan en casa de alguna familia voluntaria.

Tampoco queremos desaparecer cuando esos niños crezcan, por lo que otro de nuestros objetivos es contribuir a la recuperación de la región de Tōhoku, que durante años ha sido discriminada e ignorada por los políticos de Tokio. Queremos participar en los cambios que experimenta la región como consecuencia de la catástrofe.

Nuestra meta a largo plazo es ayudar y cuidar de esos huérfanos mediante una serie de iniciativas y programas de apoyo. Esto supone renunciar a las visitas y los viajes vacacionales en favor de algo totalmente nuevo. Una década después de los primeros viajes, muchos de los niños con los que empezamos a trabajar aún recuerdan con cariño el tiempo que pasaron en el Reino Unido. Los estudiantes de Tōhoku no tienen muchas oportunidades de viajar fuera de Japón ni de vivir la experiencia de estudiar en el extranjero. Por eso, queremos crear un programa de educación superior que incluya no solo a esos doscientos cincuenta huérfanos, sino a toda la región del noreste. Nuestro objetivo es dar a más niños la oportunidad de ampliar sus horizontes, de ver mundo y de mejorar su nivel de inglés (un idioma que en el ámbito laboral de Japón abre muchas puertas). Guiándonos por el espíritu del *chōwa*, hemos hecho todo lo que estaba en nuestra mano para analizar la situación y adaptar nuestras actividades en favor de esos niños de la mejor manera posible.[41]

La parte buena y la parte mala de ser un forastero

El trabajo caritativo en un país que no conoces tiene algunas desventajas. Cuando alguien que no ha hecho bien su trabajo de investigación viaja a la otra punta del mundo puede meterse en cuestiones para las que no está preparado (por muy buenas que sean sus intenciones). Al final, corre el riesgo de que sus actos resulten, como poco, ofensivos, y, en el peor de los casos, perjudiciales. Debemos tener en cuenta la importancia de escuchar a las comunidades a las que vamos a ayudar.

Otras veces, ser un «forastero» tiene sus ventajas. En una ocasión visité los centros de alojamiento temporal de Tōhoku. Era un polideportivo que habían preparado para alojar de forma separada a varias familias, pero estaba completamente abarrotado. Había una zona destinada a que los supervivientes y voluntarios se sirvieran té o café. Yo estaba allí sentada junto a una mujer que, después de unos minutos de silencio, me contó que había perdido a sus tres hijos en el tsunami. Le respondí que no podía imaginar por lo que estaría pasando. Ella asintió con la cabeza y, acto seguido, rompió a llorar. «Gracias por venir», me dijo. Le contesté que había hecho muy poco por ayudar, pero ella negó con la cabeza. Me explicó que era un alivio llorar delante de mí. No quería llorar delante de las demás mujeres, porque ellas también habían perdido algún hijo en la catástrofe y, aunque sabían que su pérdida había sido devastadora, sentía que, si lloraba delante de ellas, pensarían que consideraba su propio dolor más profundo que el de las otras madres. Por eso le supuso un tremendo alivio desahogarse conmigo.

Ayudar con el poder del *chōwa*

La filosofía del *chōwa* influye en gran medida en cómo presto mi ayuda a los demás. Es una especie de hoja de ruta que me guía para saber cuál es la mejor forma de proceder. Compartiré contigo estas enseñanzas para que, si decides cambiar el mundo a mejor, ya sea trabajando dentro de tu comunidad o participando en alguna organización benéfica, tengas a mano tu propia hoja de ruta.

Enseñanzas del *chōwa*: cambia el mundo

Cuestiones que debes plantearte antes de empezar:

- ¿Te ves capaz de conseguir lo que te has propuesto? ¿Tienes el tiempo y la energía suficientes como para comprometerte con este trabajo?

- ¿Has investigado a fondo el problema o la comunidad de personas a las que quieres ayudar? ¿Has hablado directamente con ellos?

- ¿Estás aprovechando tu red de contactos, tanto en el trabajo como en tu propia comunidad?

- ¿Has pensado hasta dónde quieres llegar?

Parte 3

Lleva la armonía a lo que más importa

第3章

大事な時には調和!

9

La armonía y el equilibrio en la alimentación

Itadakimasu

«Recibo esta comida con humildad.»

<small>Equivalente japonés de la expresión «buen provecho»</small>

Seguramente te preguntes qué tiene que ver la comida japonesa con el *chōwa,* con el equilibrio o con la armonía. El arte culinario tradicional se denomina *washoku.* Esta palabra utiliza el mismo carácter *(wa)* que se utiliza en *chōwa,* dado que, además de significar «paz», *wa* también significa «japonés» (por eso, al estilo japonés se le llama *wa-fū,* y a la ropa tradicional, *wa-fuku).* En realidad, el significado literal de *washoku* es «comida japonesa». Algunos platos o alimentos típicos de la gastronomía nipona son muy conocidos en el extranjero, como el sushi, el ramen, los *noodles,* las tortitas japonesas *(okonomiyaki)* y la tempura. No obstante, el significado de la palabra *washoku* va mucho más allá. Los otros significados del carácter *wa* están tan presentes aquí como en la palabra *chōwa.* Detrás de la preparación, la presentación e incluso el acto de comer *washoku,* hay todo un conjunto de habilidades, conocimientos y tradiciones que hacen de cada comida una experiencia cultural enriquecedora y una clase magistral sobre historia y armonía.

En este capítulo analizaremos los elementos del *washoku* que reflejan mejor la filosofía del *chōwa.* Nos centraremos sobre todo en el *kaiseki,* un banquete de hasta doce platos en el que cada ingrediente, por pequeño que sea, y hasta el más mínimo detalle de la decoración han sido cuidadosamente pensados. Es como una clase zen magistral sobre la armonía y el equilibrio. No obstante, no creas que el *chōwa* solo está presente en la alta gastronomía, porque podemos encontrar su rastro a lo largo de toda la cocina *washoku,* desde la comida de un comedor hasta un plato casero de una sola ración. En este capítulo aprenderás lo siguiente:

- **Encuentra el equilibrio en el *washoku.*** La gastronomía japonesa se basa en la armonía entre los cinco tipos de sabores, cinco estilos de cocina y cinco colores. Veremos cómo incorporar la filosofía del *washoku* a tus propios platos, lo que te llevará a replantearte tu relación con la comida.

- **Come en armonía con la naturaleza.** Esta idea se basa sobre todo en la *shōjin ryōri,* la gastronomía budista. Expondré el profundo respeto que tiene el *washoku* por los ingredientes, cómo incorpora el cambio de las estaciones a sus platos y, por último, su compromiso para que se desaproveche lo mínimo posible. Podemos aprender mucho del *washoku,* no solo en cuanto a equilibrio personal, sino también sobre cómo instaurar la armonía dentro de nuestras comunidades y de la naturaleza.

Los elementos del *washoku*

La comida puede convertirse en una fuerza armonizadora, capaz de devolvernos el equilibrio cuando lo hemos perdido (piensa en esas veces en que un buen plato casero te ha hecho recobrar las fuerzas). Esta cualidad queda patente de forma especial en el *washoku*. Un solo bocado de esa mezcla única de sabores y texturas resuelve cualquier conflicto interno y hace que nos sintamos en paz con el mundo. La comida *washoku* lleva mucha sal, pero también tiene un ligero toque dulce y quizá una pizca de amargor. Sobre todo, rebosa *umami*. (Esta palabra japonesa significa «sabor delicioso». Hoy en día se utiliza en el ámbito de las ciencias de la alimentación para describir un gusto fuerte y algo salado, no solo en la gastronomía japonesa, sino también para referirse a un amplio abanico de alimentos, como las setas, la salsa de soja y el pescado.) En general, la comida *washoku* restaura nuestros niveles de energía y nos hace sentir en comunión con la naturaleza, sea cual sea el clima o la estación.

La comida *washoku* juega un papel esencial en muchos aspectos de la cultura japonesa. Por ejemplo, hay determinados platos que forman parte indispensable de las celebraciones o los festivales, como los fideos soba que se comen el 31 de diciembre. Estos fideos son muy largos y finos; cuando se rompen, lo consideramos una metáfora de que ese día, el año se «rompe» y empieza uno nuevo. La comunión del *washoku* con el ritmo de las estaciones es uno de los motivos por los que la UNESCO lo ha reconocido como Patrimonio Cultural Inmaterial de la Humanidad. Las razones por las que se le otorgó este reconocimiento son:

- El respeto hacia los sabores de cada ingrediente.

- Su hincapié en el equilibrio nutricional de cada comida.

- El uso de productos frescos y de temporada.

- La especial atención que se presta a la estética de cada plato, en la que se cuida hasta el mínimo detalle.[42]

167

En mi día a día cocino platos japoneses y platos ingleses, y puedo afirmar que las ideas que hay detrás del *washoku* han permeado en todas las comidas que preparo, aunque no sea comida japonesa. Hay un poco de *chōwa* en cada una de las normas básicas que rigen el *washoku*. Detrás de cada elemento que lo conforma está la búsqueda del equilibrio: encontrar el sabor adecuado, el equilibrio nutricional, la comunión con las estaciones y la estética perfecta en cada plato. Para mí, estos elementos son universales, por lo que cualquiera puede llevar la armonía a su cocina.

Respeta el sabor de cada ingrediente • Aunque los sabores sean simples, el *washoku* respeta la identidad de cada uno de sus ingredientes. Los chefs japoneses comparten la opinión de que menos es más. Por ejemplo, nunca ahogarían el sabor de un ingrediente con una salsa picante, dulzona o con regusto a ajo. El objetivo del *washoku* es que el sabor natural de los ingredientes frescos brille con luz propia, no luchar por ocultarlos. Un buen chef japonés busca potenciar el sabor y la textura sutil y ligeramente mantequillosa del salmón crudo, o el aroma a tierra del boniato japonés. La base de muchos platos *washoku* son las verduras más comunes de la agricultura japonesa: la berenjena, el taro, el boniato y el rábano japonés o *daikon*. Los condimentos, aderezos y guarniciones tienen una única misión: encontrar el equilibrio innato del plato. Por ejemplo, el toque salado de los copos de bonito seco complementan la dulzura de la calabaza japonesa, mientras que los encurtidos en un caldo de pescado o una pincelada amarga de té verde contrarrestan el fuerte sabor de la sopa de miso. Son, en definitiva, sabores que se complementan, pero que en ningún caso compiten entre sí.

La cocina como búsqueda del equilibrio • Una de las bases de la gastronomía japonesa es que cada plato es un equilibrio entre cinco tipos de sabores:

1. Amargo — *shibumi* — polvo de té verde (matcha)
2. Ácido — *suppai* — vinagre, encurtidos
3. Salado — *shoppai* — copos de pescado secos
4. Dulce — *amai* — vino de arroz
5. Sabroso, delicioso — *umami* — salsa de soja, setas

Ninguna receta te indicará el equilibrio perfecto entre esos cinco sabores porque el gusto es subjetivo. No obstante, la próxima vez que cocines, aunque no se trate de un plato japonés, sé más consciente de este equilibrio. Cada comida es una oportunidad de encontrar el equilibrio entre sabores que son contradictorios por naturaleza y de crear, en última instancia, una armonía delicada e imperfecta.[43]

Ten en cuenta el equilibrio nutricional de cada comida •
Un menú japonés básico consta de una sopa y tres acompañamientos, además de un cuenco de arroz. En japonés, esta comida se denomina *ichi-jū-san-sai,* que significa «una sopa, tres platos».

El plato principal es el que aporta las proteínas (casi siempre pescado en lugar de carne). Los otros dos platos llevan tofu, zanahorias, rábano, raíz de bardana o cualquier otra verdura de temporada o producto de soja, acompañado de *tsukemono* (verduras japonesas encurtidas).

Te habrás percatado de que en la comida japonesa hay muy pocos carbohidratos. El cuenco de arroz blanco es, por norma general, la única fuente de carbohidratos en las comidas. El aporte de proteínas tampoco es muy elevado, y esas proteínas provienen en su mayoría del pescado, no de la carne. La comida *washoku* evita cualquier ingrediente procesado, como algunos tipos de carne o queso, y tiene muy poco azúcar. Según los expertos, esta dieta influye en la longevidad del pueblo japonés. Aquellos que inspiran su alimentación en el *washoku,* es decir, que siguen una dieta rica en cereales y verduras con pequeñas cantidades de carne o pescado, tienen menos riesgo de padecer obesidad y más posibilidades de llevar una vida más larga y saludable.

La cocina *kaiseki:* una clase magistral de equilibrio

Hace unos años, organicé un *tour* por restaurantes japoneses con estrella Michelin para un grupo de chefs del Reino Unido. Reservé mesa en los restaurantes e hice de intérprete durante las comidas. Mi labor no solo consistía en traducir la carta; para apreciar una comida japonesa como se merece, sobre todo si se trata de alta cocina, es indispensable que tengas a tu lado a alguien que entienda el idioma. Las enseñanzas que encierra el conjunto de todos los platos, como el origen de sus ingredientes o las elecciones estéticas, requieren de la presencia de un intérprete, igual que leer un haiku o asistir a una representación de teatro *kabuki*.

La cocina *kaiseki* nació en el siglo XVI y la desarrollaron unos monjes para acompañar la ceremonia del té. La palabra significa «piedra en el pecho», pues los antiguos monjes zen colocaban piedras calientes en la parte delantera de sus túnicas para paliar el hambre. El *kaiseki* es una comida modesta y simple, lo que sorprende al tratarse de alta cocina. Pero, si tenemos en cuenta que es un menú diseñado por monjes, podría decirse que es una comida contundente y fastuosa. Además de la armonía entre los cinco sabores, el *kaiseki* busca el equilibrio entre los colores de la cocina tradicional (que también son cinco): rojo, verde, amarillo, blanco y negro. El *kaiseki* se disfruta tanto con los ojos como con las papilas gustativas.

Recuerdo cuando llegamos al restaurante Kikunoi en Kioto una noche de abril. Caminamos desde la estación de Sanjo, siguiendo el paseo por el río Kamo. Pasamos por debajo de un *shimenawa* (una cuerda sagrada hecha de paja de arroz) y cruzamos una puerta de madera sencilla. Después de quitarnos los zapatos en la entrada, pisamos finalmente el suelo de madera del restaurante. Nos guiaron por delante del personal de cocina, que hizo una respetuosa reverencia a nuestro paso (todos llevaban un uniforme blanco impoluto y gorros a juego) y entramos en una amplia estancia con suelo de tatami. La sala tenía unas vistas fantásticas del jardín de bambú. Los únicos elementos decorativos, además de las ventanas que daban al jardín, eran el cuadro de una imponente cascada y un jarrón con una ramita de ciruelo en flor junto a la puerta. Nuestra camarera, ataviada con un kimono, abrió y cerró detrás de nosotros la puerta de *shōji* con movimientos sosegados y gráciles. Luego, hizo una reverencia ante el grupo y presentó el primer plato, explicando por qué se había elegido cada uno de los elementos que lo componían: la dorada de temporada, el arroz, los encurtidos *nanjo* y el *shinko* frito (un pescado exquisito que solo se consume al final de la primavera). También nos contó la historia que hay detrás de los motivos florales que decoraban la larga bandeja (el *hassun),* en la que se servía nuestra comida. Junto al plato nos entregó un proverbio zen escrito con tinta negra en papel japonés tradicional. La caligrafía de aquellas palabras era preciosa.

Intenté transmitir todo lo que la camarera nos había dicho lo mejor que pude. Era muchísima información. Una chef que se sentaba a mi lado me dio un golpecito en el hombro y dijo: «Si no hubieras hecho de intérprete, jamás habríamos entendido esta comida».

La única forma de *ver* que el *kaiseki* es a partes iguales una clase magistral de equilibrio y una comida es probar uno mismo este banquete tradicional.[44]

Cocina con productos de temporada • Pensar en lo que comemos a través de la filosofía del *chōwa,* es decir, considerar cada comida como una búsqueda del equilibrio, nos ayuda a estar en sintonía con los ciclos de la naturaleza. Del mismo modo que admiramos la floración cambiante del campo según avanza el año y nos ponemos ropa distinta en función de si es un día de verano o una tarde otoñal, tener en cuenta los productos de temporada cuando cocinamos nos permite reflexionar sobre cómo lo que nuestro cuerpo necesita también cambia con las estaciones, e incluso con el paso de los días.

En la cocina *washoku,* la comida sigue el ritmo que marcan las estaciones. Incluso la forma en que cortamos y presentamos la comida tiene una conexión armoniosa con la época del año (por ejemplo, verduras y hortalizas que se cortan para asemejarse a las flores de cerezo en primavera, a las hojas de arce en otoño o a las flores de ciruelo en invierno). Los supermercados también cambian su decoración al compás de las estaciones. Aunque estos son solo guiños a la naturaleza, pequeños gestos para recordarnos nuestra conexión con el mundo natural, también entrañan una manifestación del profundo respeto hacia el paso de las estaciones de la cocina *washoku.*

A continuación, explicaré cómo puedes inspirarte en el *washoku* para encontrar el equilibrio cocinando con productos de temporada:

- **Verduras, frutas y hortalizas de temporada.** Como siempre dicta la filosofía del *chōwa,* haz una investigación exhaustiva. ¿Cuáles son las frutas de temporada en tu país en esta época del año? Si consumes frutas, verduras u hortalizas de temporada, te sentirás más cerca de la naturaleza. Para mí, por ejemplo, es un placer cocinar con ajo de oso cuando basta dar un paseo para encontrarlo en el borde del camino. Además de los beneficios psicológicos de estar en armonía con la naturaleza, esta alimentación es mucho más respetuosa con el medioambiente. En Japón, por ejemplo, comer fresas de importación en mitad del invierno se considera el epítome de la frivolidad y el derroche.

- **Comida para evitar las altas temperaturas.** Si seguimos el ritmo de las estaciones, le daremos a nuestro cuerpo justo lo que necesita. En Japón se comen anguilas, que tienen un alto aporte de proteínas, justo antes de que llegue el calor del verano. Esta es la época de los fideos *soumen* con hielo y un poco de salsa de soja. Además, en lugar de acudir al encuentro del camión de los helados, compramos trozos de sandía en los puestos callejeros.

- **Comida para no pasar frío en invierno.** En la estación más fría del año se toma sopa de calabaza (lo normal es comprar una calabaza grande para preparar una sopa que dure varios días y tomarla de acompañamiento en cada cena). El día del solsticio de invierno complementamos nuestros platos con *yuzu* (un cítrico de sabor parecido al pomelo). Incluso lo introducimos en el agua de la bañera, al ser una ocasión especial. Tiene una doble función: es una decoración festiva y sirve como aromaterapia. Hay algo en el olor del *yuzu* que resulta cálido y reconfortante, y, además, es bueno para la piel.

Cuida con esmero la presentación de cada plato • En el momento en que aterricé en el aeropuerto de Narita con el grupo de chefs a los que tenía que guiar por Japón, comenzó su educación sobre la estética en la comida japonesa. Algunos miembros de la comitiva tenían hambre después del viaje, así que fueron a una tienda a comprarse un plato preparado. Lo que encontraron los dejó impresionados. La presentación de las cajas de *bento* (una ración de comida para llevar) estaba cuidada al detalle, y cada elemento de su interior estaba separado del resto para formar un perfecto equilibrio. La comida tenía un aspecto y un color estupendos: gambas en tempura amarillas, deliciosas y crujientes, que aún conservaban el calor;

setas marrones de aspecto esponjoso que brillaban gracias a una salsa dulce de soja y sésamo; rollos de *sushi* de un blanco inmaculado, roto por el rosa del jengibre encurtido y el verde brillante del wasabi, y, por último, un poco de ensalada al estilo occidental con zanahoria, lechuga y tomate fresco.

Esta pequeña obra de arte costaba cerca de 350 yenes (menos de 3€).

Armoniza los cinco colores. Blanco, negro, rojo, verde y amarillo: estos cinco colores están presentes en casi todos los platos japoneses. Pero respetarlos no es solo un capricho estético, sino que mejora nuestra alimentación. Piensa en una caja de *bento:* arroz blanco, una pizca de semillas de sésamo negras, un trozo de *tamagoyaki* amarillo (tortilla de huevo japonesa), semillas verdes de *edamame* y, para darle el toque final, una brillante ciruela roja encurtida. Mi marido bromea con mi afición a los platos ingleses de color «beige», como el *fish and chips* o las tostadas de huevos revueltos, pero ¿no está mucho mejor ese *fish and chips* cuando lleva una guarnición de puré de guisantes? Piensa en cómo un simple desayuno de tostadas y huevos revueltos se convierte en un *brunch* de lo más saludable con una loncha de salmón ahumado y un montoncito de espinacas. Lo mismo ocurre con el *washoku.* Un poco de alga *nori* seca en el arroz o unos encurtidos de color amarillo y tomates *cherry* para acompañar una sopa de miso mejoran tanto el aspecto como el aporte nutricional de la cocina *washoku.*[45]

El *chōwa* y la alimentación sostenible

La cocina *washoku* me hace reflexionar sobre la continuidad y el cambio, sobre lo que sigue igual, como la tradición culinaria japonesa, y las cosas que han cambiado, como el aumento del consumo de carne durante el periodo Meiji (1868–1912) y la proliferación de los restaurantes de comida rápida occidentales a partir de la Segunda Guerra Mundial. Ahora, más que nunca, tenemos que plantearnos cómo comer de forma sostenible, ecológica y más respetuosa tanto con nuestro cuerpo como con el planeta. En Japón, la historia de la comida se refleja en el *chōwa*. Es la historia de un país y un pueblo que buscan el equilibrio con el medioambiente; y también es una historia con moraleja sobre cómo ese equilibrio, aun cuando ya se ha alcanzado, puede perderse.

Shōjin ryōri: consagra tu vida al equilibrio personal y natural • *Shōjin ryōri* significa «cocina de la devoción». El nombre se le ocurrió a su inventor, Dōgen, creador del budismo zen. Allá por el siglo XIII, e inspirándose en la cocina vegana china, introdujo esta gastronomía en el país. La llamaba «cocina de la devoción» porque la consideraba el alimento perfecto para la mente, puesto que, cuando se seguía esta dieta, uno estaba mejor preparado para absorber las enseñanzas de Buda. Si te interesa reducir tu impacto en el medioambiente, la no violencia hacia los seres vivos o seguir una dieta equilibrada, querrás aprenderlo todo sobre el *shōjin ryōri*.

Elimina la producción de residuos. Este es uno de los principios fundamentales del *shōjin ryōri*. La cocina budista «devota» utiliza, siempre que puede, todos los elementos comestibles de sus ingredientes, como, por ejemplo, la parte superior de las zanahorias y la cáscara del rábano, con las que se prepara una sopa ligera. ¿Por qué no lo intentas la próxima vez que cocines algo? En lugar de tirar la parte verde de las cebolletas, córtala y utilízala para hacer una sopa de miso. Si compras rábano *daikon* japonés, aprovecha las hojas para preparar *furikake*, un condimento con el que acompañar el arroz. Para ello, lávalas, pícalas un poco y saltéalas con aceite de coco y *mirin* (vino de arroz japonés). Añade un poco de azúcar y sal al gusto y deja que se cueza a fuego lento hasta que la salsa haya desaparecido y solo queden las hojas, que habrán absorbido todo el sabor.

El rechazo a la violencia. La cocina *shōjin ryōri* es vegana. El aporte de proteínas se obtiene de los alimentos elaborados a partir de la soja, como el tofu, acompañados de verduras u hortalizas de temporada y sazonados con plantas silvestres. Una comida típica incluiría *abura-age* (tofu frito) o *natto* (soja fermentada), uno de mis platos favoritos. A los japoneses les resulta muy gracioso ver a alguien comer *natto* por primera vez. Es un sabor al que uno se acostumbra con el tiempo, y no te será difícil encontrarlo en tu supermercado asiático más cercano. El *natto,* que es un superalimento, tiene un sabor un poco fuerte, pero está para chuparse los dedos. Las semillas fermentadas sueltan una especie de baba, por lo que se mezcla en un cuenco con arroz blanco para no manchar nada.[46]

***Comer animale*s** • La relación de Japón con el consumo de carne a lo largo de la historia es otro ejemplo de la aplicación del *chōwa*: una lucha por alcanzar el equilibrio entre lo que deseaban los gobernantes, los recursos limitados de los que disponían y las preferencias del pueblo llano. En el siglo v, la gente vivía a base arroz, pescado y verduras. Japón es un país muy montañoso, así que no había mucha tierra para pastorear el ganado. La llegada del budismo y de su condena de la violencia hacia cualquier ser vivo trajo consigo la primera prohibición a nivel nacional del consumo de carne. No obstante, los *shōguns* y otros señores de menor rango intercambiaban carne como regalo, aunque en contadas ocasiones. Además, cuando lo hacían, el sacrificio y el consumo de los animales era tan ceremonial como cualquier arte marcial.[47]

En el siglo xix, los gobernantes del país adoptaron numerosas costumbres occidentales en un intento por formar parte de la nueva era moderna, como la ropa, la educación y, hasta cierto punto, los hábitos alimenticios. Los japoneses tardaron mucho tiempo en superar sus arraigadas creencias en contra de la violencia hacia todo ser vivo, así como en aumentar la cría de ganado y sacrificar a sus bueyes (que cumplían su labor de arar el campo y transportar cargas pesadas de forma intachable). Cuando se levantó la prohibición de comer carne, los monjes budistas bajaron de las montañas para llevar su indignación a Tokio. Creían que la propia alma de Japón estaba en juego.

Hoy en día, parece que las sospechas de aquellos monjes sobre las consecuencias de adoptar los hábitos alimenticios extranjeros no se alejaban de la verdad. A diferencia del periodo Edo, e incluso de la década de 1960, en la que Japón era un país más o menos autosuficiente, hoy en día se ha convertido en uno de los países desarrollados menos autosuficientes del mundo en cuanto a su alimentación. Por eso opino que, en lo que a la alimentación sostenible se refiere, Japón ha perdido el equilibrio por completo.[48]

Menos carne, menor impacto medioambiental. Cuanto mayor sea la demanda de carne, menos terreno dedicaremos a la agricultura sostenible. Para vivir en armonía con la naturaleza, reducir el consumo de carne es tan importante como ahorrar energía y reciclar residuos.

Comer pescado de manera responsable. El *washoku* favorece el consumo de determinados peces en épocas concretas del año. No solo conectaremos con la tradición, sino que reduciremos nuestro impacto en los ecosistemas marinos. Para saber más sobre cómo consumir pescado de forma responsable, échale un vistazo a *The Good Fish Guide* (La buena guía del pescado), de la Marine Conservation Society, la organización para la conservación marina sin ánimo de lucro más importante del Reino Unido (https://www.mcsuk.org/goodfishguide/search).*

Enseñanzas del *chōwa*: la armonía y el equilibrio en la alimentación

Encuentra el equilibrio a través del *washoku*

- Para avanzar en la búsqueda del equilibrio mediante el uso de los cinco sabores, los cinco colores y las cinco formas de cocinar, inspírate en estas combinaciones típicas del *washoku*.

- Piensa en cómo el sabor dulzón y un poco amargo del brócoli mejora cuando se moja en una salsa ligeramente salada, como la de soja.

- O en una lubina asada sobre carbón y acompañada de guisantes dulces con un ligero toque amargo de raíz de loto recién cortada.

- O en un cuenco de arroz blanco, servido con una sopa de miso a la que hemos añadido berberechos y, como toque final, incorporamos una pequeña delicia: un *umeboshi* (ciruela encurtida), que le aporta el punto justo de acidez.

---

* Existen numerosas guías para el consumo responsable de pescado, tanto a nivel mundial como europeo y nacional. En España, por ejemplo, WWF ha creado la «Guía de pescado», una aplicación para Android e iOS. *(N. de la T.)*

Los cinco sabores del *washoku*
- Amargo
- Ácido
- Salado
- Dulce
- Sabroso

Los cinco colores del *washoku*
- Blanco
- Negro
- Rojo
- Verde
- Amarillo

Las cinco formas de cocinar el *washoku*
- Hervido a fuego lento
- Frito
- Al vapor
- Asado
- A la plancha

El *washoku* se compone en gran medida de alimentos crudos. Aunque la comida cruda no forma parte de un «estilo de cocina» (porque su característica principal es que no se ha cocinado), seguro que conoces la afición de los japoneses por las rodajas de pescado crudo *(sashimi)*, o por el pescado crudo que se sirve encima del arroz blanco o dentro de un rollo de arroz y algas *(sushi)*. Lo cierto es que el pescado crudo tiene muchos beneficios para la salud: es rico en ácidos grasos omega-3 y contiene muchas proteínas.

10

Vive en armonía con la naturaleza

«Hay un mal que acecha en las tierras del oeste, príncipe Ashitaka. Tu destino es viajar hasta allí y observar con ojos que no conozcan el odio. Quizá así encuentres la manera de acabar con la maldición.»

LA PRINCESA MONONOKE (1997)[49]

Los gobiernos están cada vez más concienciados de que recuperar el equilibrio entre el ser humano y el mundo natural requiere una puesta en acción. Sin embargo, desde el punto de vista individual, empezamos a ser conscientes de que nuestras acciones para reducir el impacto en el medioambiente no son suficientes. A pesar de que muchos hemos adquirido el hábito de reutilizar las bolsas de plástico, reciclar nuestros deshechos y reducir en la medida de lo posible las emisiones de carbono, ahora se sabe que todo ese esfuerzo no basta para revertir el deterioro al que sometemos al planeta. Pensar en el daño que ya hemos hecho nos llena de impotencia, pero es incluso peor pensar en la magnitud de los desafíos que se ciernen sobre nosotros.

El poder del *chōwa*, del equilibrio y de la armonía no es suficiente para salvar el mundo, pero nos ayuda a adoptar la mentalidad necesaria para conectar con la naturaleza. El primer paso para recuperar el equilibrio del mundo natural es reflexionar sobre nuestra propia conexión con este y apreciar la fragilidad de su belleza. En este capítulo, veremos que, al pensar en esa conexión, respondemos de otra forma a la naturaleza, tanto a su efímera belleza como al inmenso poder que ostenta para desatar el caos y la destrucción. Las enseñanzas clave que aprenderemos se resumen así:

- **Recuerda que eres parte de la naturaleza.** Durante miles de años, la cultura japonesa tradicional se ha basado en el principio de que el ser humano forma parte de la naturaleza, como cualquier otra especie animal. Utilizaré ejemplos del periodo Edo para demostrar que, incluso inmersos en la vorágine de la vida moderna, vivamos en un pueblo o en la ciudad, todos podemos cuidar mejor el planeta.

- **Implícate para llevar el *wa* de *chōwa* al mundo natural.** El *chōwa* nos enseña a apreciar la naturaleza en todos sus aspectos, tanto por su belleza como por su poder, que es a partes iguales salvación y destrucción. Todos participamos de ese ciclo de creación y muerte, de esa armonía precaria que es la naturaleza.

Somos naturaleza: enseñanzas del *chōwa* del antiguo Edo

En el periodo Edo (1603–1868), Tokio (que en aquel entonces se conocía como Edo) pasó de ser una pequeña ciudad construida alrededor de una fortaleza a convertirse en la metrópolis más grande del mundo.

La familia Tanaka ha vivido en la misma zona a las afueras de Tokio durante siglos. Los ancestros de mi padre, un clan de samuráis, sirvieron al hombre que construyó el castillo Edo. La familia de mi madre fabricaba y restauraba muebles de madera de paulonia, una tradición que data del periodo Edo.

Siempre me he sentido atraída por la cultura de esa época, pero, cuanto más pienso en el estado de emergencia climática en el que vivimos, más elementos veo en el Edo y en las costumbres de mis ancestros que merece la pena compartir. La de aquella época era una mentalidad que nos da lecciones sobre la armonía con la naturaleza, una preocupación bastante común hoy en día.

Mono no aware: la fragilidad del mundo natural • El canto de los pájaros por la mañana, las ramas de un árbol golpeando la ventana de la oficina y su sombra dibujando siluetas sobre el escritorio, el insecto que un niño se encuentra en el parque y que muestra con orgullo a sus padres. Esos fugaces contactos con el mundo natural nos parecen maravillosos, pero, a la vez, somos conscientes de que ninguno de esos momentos volverá a producirse. En el periodo Edo, la gente describía este sentimiento como *mono no aware*.

El *mono no aware* se traduce como «la empatía hacia todas las cosas». *Mono* significa «cosas». *Awa-re* es una expresión muy antigua que quiere decir «sorpresa», «nostalgia» e incluso «maravillarse». Los ciudadanos del periodo Edo desarrollaron este concepto del *mono no aware* gracias a artistas como Hokusai. Sus representaciones del monte Fuji capturaban la belleza y la melancolía de la naturaleza y del lugar que ocupamos en ella. Al fondo del paisaje, aparece la imponente montaña. En primer plano observamos a varias personas en actitud lúdica, conversando, comiendo o tocando algún instrumento. No son conscientes de que el tiempo es un bien muy preciado, como refleja la belleza efímera de los cerezos en flor que los rodean. El *mono no aware* es ese profundo suspiro que provoca la nostalgia de saber que todo pasa. En realidad, esta idea transmite un equilibrio muy propio del *chōwa*, entre la alegría y la tristeza, la esperanza y la resignación. La naturaleza es bella, sí; pero todo lo bello desaparece con el tiempo.

- **No te limites a ser consciente del problema.**
Con frecuencia oímos eso de que tenemos que ser conscientes del cambio climático y del peligro que corre la biodiversidad del planeta. Pero ser conscientes de lo que ocurre no es suficiente. Para empezar, tenemos que conocer bien los hechos. También sostengo que, en palabras de la filosofía del *chōwa,* esa «investigación» debe equilibrarse con un componente emocional: el *mono no aware.* Cuanto antes desarrollemos cierta empatía por la naturaleza, antes descubriremos todo lo que está en juego.

Mottainai: no malgastes y no necesitarás nada • *Mottainai* se traduce como «ningún desperdicio». Se utiliza como exclamación para decir «¡Qué desperdicio!»; por ejemplo, cuando se te olvida guardar algo en la nevera y lo dejas fuera toda la noche o cuando le dices a tu pareja, que acaba de tirar unos zapatos en perfecto estado, que solo necesitaban un par de arreglos y una buena limpieza.

La mentalidad *mottainai* nos anima a dar el mejor uso posible a nuestras posesiones. Una manera de hacerlo es concederles una vida larga y hacer un esfuerzo por reparar en lugar de reemplazar siempre que se pueda. Este principio se basa en la idea de que, cuanto mejor tratemos a los objetos, mejor será el servicio que nos presten.

Pero ¿cómo funcionaría en la práctica una sociedad en la que arregláramos o, si no quedara más remedio, reemplazáramos los objetos en lugar de comprar artículos nuevos? Vale la pena plantearse esta pregunta, puesto que la inmensa mayoría de nosotros vivimos en una sociedad de consumo. Nos gusta comprar, y muchos de nuestros trabajos dependen de que los demás consuman. Pues bien, demostraré, mediante al análisis del periodo Edo, que nuestro actual estilo de vida, por muy moderno y urbano que sea, no tiene por qué resentirse por culpa del reciclaje o del aprovechamiento eficaz de los recursos; al contrario, tendríamos una vida mucho más enriquecedora.

Mottainai: enseñanzas del antiguo Edo para una sociedad sin residuos

En la ciudad de Edo había cientos de vendedores ambulantes, tiendas de segunda mano y pequeños negocios que se encargaban de reparar todo tipo de objetos: zapatos, abanicos de papel, kimonos e incluso cuencos y tazas. Había librerías móviles repletas de libros para prestar o intercambiar con aquellos que se suscribieran al servicio. Imagina la siguiente escena: un reparador de paraguas lleva a cuestas una montaña de paraguas rotos. Están hechos de bambú y papel reforzado con aceite. Su oficio consiste en repararlos y entregarlos de nuevo a sus propietarios o restaurarlos para venderlos por un precio más económico.

Esta gente era el engranaje que hacía que la economía del periodo Edo funcionara como un reloj. El resultado era una sociedad urbana y moderna que prosperó aislada del resto del mundo durante más de doscientos cincuenta años. Una sociedad que, a pesar de ser metropolitana, estuvo más cerca que ninguna otra de alcanzar el «residuo cero».[50]

***Itadakimasu*: expresa tu gratitud hacia la persona que haya puesto la comida en la mesa** • En el periodo Edo, la segunda clase social más valorada, solo después de los samuráis, era la de los granjeros. Su trabajo era el más importante de todos y su producción, la más preciada: la comida. En Japón, tanto hoy como en el antiguo Edo, se desperdicia la menor cantidad de comida posible. Es una mentalidad muy ligada al principio del *mottainai*. Hoy en día, dejarse un grano de arroz en el plato se considera de mala educación. El *chōwa* nos enseña que encontrar el equilibrio consiste, en gran parte, en interactuar de forma adecuada con el mundo que nos rodea. Cuando se trata de nuestra alimentación, conlleva que nos mostremos agradecidos a todos los que han hecho posible que la comida llegue a nuestra mesa. Por eso, cuando nos sentamos para comer, juntamos las manos y decimos:

いただきます

i-ta-da-ki-ma-su

«Recibo con humildad y respeto esta comida»

Esta frase es un poco más informal que una oración, pero algo más seria que un simple «buen provecho». Decirla en voz alta es una manera de dar las gracias al agricultor que cultivó las verduras, al supermercado en el que compramos los ingredientes y a la persona que ha preparado nuestro plato, así como a la naturaleza que lo ha hecho posible (el sol, la lluvia y los nutrientes de la tierra). Por eso, desperdiciar comida significa desperdiciar todo el esfuerzo y los recursos que nos han permitido obtener esos alimentos. Dar las gracias es una manera de reconocer el lugar que ocupamos en este proceso.

- **Guíate por el espíritu del *mottainai*.** La próxima vez que estés en un restaurante o que te inviten a cenar, pide menos si crees que no vas a comértelo todo. En Japón, si uno considera que no se va a terminar un plato o una ración entera, es bastante común que se pida una cantidad más pequeña. Cuando estés en casa, si no eres capaz de terminarte lo que tienes en el plato, guárdalo, en lugar de tirarlo a la basura, para que alguien lo aproveche al día siguiente. Por respeto al agricultor, a la persona que preparó la comida y a los propios recursos que se emplearon para cocinar el plato, es importante que derrochemos lo mínimo posible.

- **Lleva el espíritu del *mottainai* a tu hogar.** Por ejemplo, prepara alguna comida con las sobras que haya en la nevera o compra alimentos que vayas a utilizar pronto, en lugar de acumular cosas que caducarán antes de que las emplees.

Sho-yoku, chi-soku: desea poco para alcanzar la satisfacción • Para estar en armonía con la naturaleza, tendremos que ponernos un poco filosóficos si queremos llegar al fondo del problema: «No ataques a las cosas, ataca el deseo de comprar más».

小欲知足

sho-yoku, chi-soku

Los caracteres de este dicho significan «deseo mínimo, satisfacción consciente». Se traduciría como «desea poco para alcanzar la satisfacción», pero también funciona a la inversa: al entender lo que significa «tener bastante», será más fácil luchar contra esa fuerza poderosa que es el deseo y que, si no se le pone freno, se convierte en avaricia.

La metáfora del vaso medio lleno o medio vacío se emplea para ilustrar la diferencia entre las personas optimistas y las pesimistas. No obstante, también nos sirve para mostrar la diferencia entre la satisfacción y la codicia. Imagina un vaso medio vacío. Si ansiamos un vaso lleno, lo que queremos es el doble de lo que ya tenemos. Ahora imagina un vaso medio lleno. Si ya estamos satisfechos con lo que tenemos, no necesitamos nada más.

Cuanto más queremos, más insatisfechos nos sentimos. Pero, si desear algo nos conduce a la insatisfacción, es lógico pensar que, para estar más satisfechos con nuestra vida, *debemos reducir el número de cosas que queremos*. Esta idea es distinta al concepto del minimalismo. Recoger y poner orden en nuestras vidas es de ayuda, pero no nos conducirá de manera automática a alcanzar el equilibrio. Para eso se necesita una reflexión profunda sobre qué nos motiva a comprar.

- **Ataca el deseo de comprar.** Piensa lo siguiente: «Tengo justo lo que necesito». Para alcanzar un equilibrio duradero, necesitamos llegar hasta la raíz de nuestro consumismo, del deseo que nos empuja a comprar sin frenos y a querer más dinero. Porque ese inofensivo deseo perjudica al medioambiente y nos lleva a un mundo que poco a poco perderá por completo el equilibrio.

Sampō-yoshi: consigue que el cliente, el negocio y el medioambiente estén satisfechos • Igual que los samuráis, que se regían por el código del *bushidō* (la ética del guerrero), los mercaderes del periodo Edo tenían su propio código ético. Aunque ocuparan el último escalón de la sociedad, se tomaban muy en serio su negocio y el ecosistema natural y urbano. A la hora de llevar un comercio, esta mentalidad se resume en la expresión *sampō-yoshi,* que significa «bueno de tres maneras»:

- Bueno para el negocio.
- Bueno para los clientes.
- Bueno para la sociedad.

Para comprobar la verdad que hay detrás de esta mentalidad y descubrir cómo ponerla en práctica, me basta con pensar en el trabajo tradicional que realizó la empresa de mi familia materna. Su actitud hacia el negocio era la misma que la de sus antepasados en el antiguo Edo.

Los cofres que fabricaban estaban hechos de madera de paulonia. Este tipo de material se oscurece con el tiempo, pero se puede recuperar el color original dándole una capa de pintura. Puesto que no empleaban clavos de metal para montarlos, sino pernos de madera, toda la estructura se podía lijar las veces que fueran necesarias si el cofre sufría algún desperfecto o si se descoloraba con el paso del tiempo. La madera de paulonia se dilata con la humedad, así que era muy difícil que el agua dañara la ropa o los documentos que se guardaban en su interior. Incluso si el cofre ardía (y recuerda que los incendios eran habituales en el periodo Edo, puesto que toda la población vivía en casas de madera y papel), aunque todo lo demás estuviera en llamas, el cofre de paulonia sobreviviría, un poco oscurecido por las llamas, pero intacto. Sería el primer cofre, y también el último, de este tipo que tendrías que comprar.

Hoy en día, las grandes empresas nos hacen promesas parecidas. Por ejemplo, que este modelo concreto de *smartphone*, tableta o portátil es el único que vas a necesitar en tu vida. Pero esas mismas compañías dejan de actualizar el *software* del modelo o de fabricar piezas de recambio y te obligan a comprar otro. La producción en masa de nuevos modelos tiene consecuencias devastadoras para el medioambiente y para el aumento de las emisiones de carbono.[51] Entonces, ¿quién sale beneficiado de todo esto? ¿El cliente? ¿La sociedad? ¿O solo la compañía que vende el producto?

La mentalidad del *sampō-yoshi* puede parecer idealista, pero aún existen muchas empresas fundadas durante el periodo Edo que están en expansión hoy en día. De hecho, en Japón existen alrededor de cincuenta mil empresas que tienen más de ciento cincuenta años. En realidad, la empatía con el medioambiente y con los clientes también es beneficiosa para el negocio.

Piensa a largo plazo • Cuando el terremoto de Tōhoku golpeó Japón en 2011, muy pocos se esperaban que los daños fueran tan catastróficos o que el poder de destrucción de la ola alcanzara tal magnitud. Sin embargo, existen documentos procedentes del castillo de Taga en los que aparecen registrados un terremoto y un tsunami de características similares en el año 869 d. C. El cieno asentado tierra adentro indica que esos documentos son verídicos. Esto no significa que la magnitud del terremoto de 2011 fuera previsible, pero lo que sí demuestra es que no podemos fiarnos exclusivamente de lo que vemos con nuestros propios ojos, ni siquiera de los datos recogidos durante los últimos cien o ciento cincuenta años. Debemos pensar en nuestro lugar dentro de la historia de este planeta. Si solo confiamos en lo que ha ocurrido durante nuestra existencia, olvidamos lo poderosa que es la naturaleza.

A la hora de adoptar medidas para combatir la emergencia medioambiental, los gobiernos caen en la tentación de las soluciones a corto plazo. Por desgracia, eso es lo que ha ocurrido en Japón a raíz del tsunami. Los ciudadanos de la región de Tōhoku se han manifestado en contra de la construcción de diques de hormigón. A simple vista parecen una buena idea para proteger a los habitantes de la costa, pero la gente quiere que el país se prepare para el peor escenario posible. Los muros no harían nada contra un terremoto de una magnitud superior o una ola algo más alta. Las soluciones más drásticas, como trasladar las ciudades y los pueblos a un lugar más alejado de la costa, requieren más esfuerzo y más dinero, pero serían la mejor manera de garantizar la seguridad de esas comunidades en el futuro. Además, muchas asociaciones argumentan que un rompeolas de ese tamaño impediría que los vecinos vieran llegar la ola. Aquello construido con el objetivo de protegerlos sería responsable de la muerte de sus hijos, o de los hijos de sus hijos, que desconocerían el poder destructor de la naturaleza y lo catastrófico que es para una comunidad verse arrastrada por la fuerza de un tsunami.[52]

Buscar una solución fácil y rápida muchas veces nos impide ver las consecuencias de nuestros actos a largo plazo.

De hecho, quizá ese «largo plazo» no sea tan largo como creemos. La comunidad científica ya nos está avisando de que queda poco tiempo para revertir los efectos de la emergencia climática. Cuando pensamos en el cambio climático, creemos que se trata de un proceso lento que avanza a un paso casi imperceptible, aunque en realidad su desarrollo se ha producido por la actividad frenética del hombre en un corto periodo de tiempo. No obstante, los japoneses somos conscientes de que el planeta es capaz de recordarnos en un instante la devastadora magnitud de su poder. Ahora que los fenómenos meteorológicos extremos son cada vez más frecuentes, quizá nos enfrentemos en algún momento a fuerzas de la naturaleza tan poderosas como un terremoto o un tsunami: inundaciones y riadas repentinas, tanto en ciudades como en la costa, periodos de sequía y olas de calor inesperadas, violentos huracanes, etc. Es necesario responder a estas amenazas con urgencia.

Recuerda lo que está en juego • Cuando era joven, dedicaba cada día de mi vida a encontrar el equilibrio con el mundo natural. Estar en armonía con la naturaleza era la única forma de vivir que conocía.

Es complicado transmitir lo íntimamente ligado que está el ritmo de vida japonés con el de la naturaleza y lo que uno siente cuando vive de esta manera.

El 3 de marzo celebramos el día de las niñas. Antes, los japoneses no celebraban los cumpleaños de forma individual, sino que aprovechaban determinadas fiestas especiales, como esta, para celebrarlo de forma conjunta. Colocábamos nuestras muñecas *hina* ceremoniales (unas muñecas de diseño exquisito que representaban al emperador, a la emperatriz y a su séquito), comíamos *sakura mochi* (dulces de flor de cerezo) y nos vestíamos con preciosos kimonos. También confeccionábamos muñecas hechas de paja y papel, porque, según la tradición, nuestra mala suerte se quedaría atrapada en ellas. Cuando terminábamos, las colocábamos con cuidado en unos barquitos para que la corriente del río se las llevara y les decíamos adiós con la mano.

En abril, salíamos a pasear por la ciudad con mi padre, después de que él hubiera escuchado en la radio cuándo era el mejor momento para ver la floración de los cerezos en su máximo esplendor.

En mayo, comíamos *kashiwa mochi,* unos dulces de arroz rellenos de pasta de judía roja y envueltos en una hoja de roble (y aprendimos que las hojas de los robles no se caen hasta que no aparecen nuevos brotes que las sustituyan). Esta era la celebración del día de los niños. Las familias con hijos varones colocaban *koi-nobori* (cometas con forma de peces *koi)* en el jardín, con la esperanza de que sus hijos crecieran y se convirtieran en hombres fuertes y valientes, igual que la carpa *koi,* que nada a contracorriente.

En junio, hacíamos el cambio de ropa, y yo ayudaba a mi madre a airear sus kimonos.

El 7 de julio participábamos en el Tanabata, el festival de las estrellas. Esperábamos ansiosos que no lloviera y observábamos con atención el firmamento, para que los desdichados amantes Orihime e Hikoboshi se reencontrasen en la Vía Láctea, aunque solo fuera una noche al año. Para participar en la celebración, decorábamos cañas de bambú con nuestros deseos o con poemas escritos en tiras de papel de cinco colores distintos.

Recuerdo el día del solsticio de invierno y cómo el color amarillo lo inundaba todo: estaba en las últimas hojas que aún colgaban de los árboles, en las decoraciones del supermercado, en las calabazas que comíamos y en las frutas *yuzu* que metíamos en el agua de la bañera.

También me acuerdo del último día del año, cuando comíamos fideos *soba.* Los comíamos con la esperanza de que nuestras vidas fueran tan largas como esos fideos y, cuando se rompían, lo interpretábamos como una forma de cortar con el año que acababa para dar comienzo al siguiente.

Como ya he dicho, no es fácil describir la sensación de estar en armonía con la naturaleza. Quizá tendría que hacer referencia a la acepción más musical del carácter *chō* que forma la palabra *chōwa.* Hacer todo lo que esté en nuestras manos para vivir en armonía con la naturaleza es como afinar un instrumento hasta que encontramos esa nota perfecta que indica que nos hemos armonizado con el mundo natural.

Estas enseñanzas extraídas de la historia de Japón son un tesoro, sobre todo para aquellas culturas que no han tenido acceso a ellas hasta ahora. Japón lleva más de un siglo aprendiendo de Occidente: sobre industrialización, modernidad y sobre la participación pacífica en una comunidad internacional. Pero hoy, al mirar hacia el futuro, no está de más recordar que las ciudades ecológicas no son solo un sueño, que hace cuatrocientos años ya existió la ciudad sostenible de Edo, la más grande de su época. Haríamos bien en recordar que una civilización fue capaz de existir de manera autosuficiente gracias a un bajo consumo de carne, que es posible llevar una vida plena, sofisticada y llena de cultura, y enriquecerla aún más recordando que formamos parte de la naturaleza, y que ella también forma parte de nosotros.

Enseñanzas del *chōwa:*
vive en armonía con la naturaleza

Toma consciencia del problema: adopta el espíritu *mono no aware*

- No hace falta ser un poeta de haiku para apreciar la belleza natural y experimentar el *mono no aware* (la empatía hacia la naturaleza). Por ejemplo, redactar una lista es una forma de expresión literaria muy antigua en Japón. Prueba a escribir una. Apunta todos los elementos de la naturaleza que te proporcionen un sentimiento de felicidad. Luego, apunta aquello que te entristece. ¿Qué cosas te producen una profunda irritación? ¿Las avispas, la alergia al polen, esa

193

sensación de calor repentino cuando entras en un edificio una tarde de invierno? Escribir este tipo de listas y reflexiones es una manera muy gráfica de encontrar el equilibrio con el mundo natural, tanto con lo bueno como con lo malo.[53]

Haz todo lo posible para que tu trabajo esté en armonía con la naturaleza

* ¿Hay algo que puedas hacer para que tu trabajo sea más *sampō-yoshi*? ¿Qué tipo de cambios introducirías en tu lugar de trabajo para conseguir que tus productos o servicios sean mejores para el cliente, para el medioambiente y para el negocio?

* Como cliente también está en tus manos fomentar la actitud *sampō-yoshi*. Si menos personas se dejaran influenciar por las campañas publicitarias de las multinacionales (por ejemplo, cuando sale a la venta algún aparato de última tecnología o una nueva prenda de ropa), se producirían menos artículos, lo que supondría un menor desperdicio, menos explotación de los recursos del planeta y, en general, un impacto menor en el medioambiente.[54]

Encuentra tu propio equilibrio con la naturaleza

* ¿Alguna vez has sentido mientras olías el perfume de una flor, escuchabas el sonido del viento o cuidabas del jardín que la tierra intentaba decirte algo?

* Cuando llueve, ¿has pensado que la lluvia te habla?

* A menudo pienso en mis alumnos, muchos de los cuales tienen menos de dieciséis años, que han participado en manifestaciones contra las políticas del gobierno

británico respecto al cambio climático. A mi entender, las medidas propuestas por el gobierno llegan mal y tarde. Pero mis alumnos piensan de forma distinta, ya que se plantean todas estas cuestiones a largo plazo. No tienen en mente solo su futuro, sino también el de sus hijos, cuando la naturaleza esté en mayor peligro que ahora. Por eso, ha llegado el momento de plantearse la siguiente pregunta: «¿Qué puedo hacer para apoyarlos?».

11

Compartir un amor duradero

«Es un camino lleno de penurias,
pero también de deleites».
PROVERBIO JAPONÉS

A lo largo de mi vida, he estado casada dos veces y he tenido tres parejas duraderas y estables. Por eso sé que compartir nuestra vida con otra persona es uno de los equilibrios más difíciles de mantener, puesto que requiere equilibrar lo que ellos esperan de nosotros con lo que nosotros esperamos de ellos. Nos sentimos responsables de su bienestar y queremos que ellos sientan lo mismo y nos presten una atención similar. No obstante, a veces nos despertamos y pensamos «¿estoy con la persona adecuada?, ¿nos entendemos mutuamente?, ¿esto que siento es amor?, ¿será siempre así de difícil?».

Una relación romántica es la máxima representación del espíritu del *chōwa*. En este tipo de relaciones, a veces se juntan personas completamente opuestas. Dos de mis parejas eran ingleses, así que no es de extrañar que la barrera cultural y lingüística nos haya traído problemas. Encontrar mi propio equilibrio dentro de una relación multicultural no ha sido nada fácil. Por otro lado, en mi primer matrimonio, mi marido hablaba el mismo idioma que yo (en teoría), pero muchas veces no nos entendíamos: teníamos prioridades distintas y unos valores e ideas muy diferentes en cuanto a la armonía matrimonial. Cuanta más experiencia tengo, más consigo llevar algo parecido al *chōwa* a mis relaciones personales. Las claves de este capítulo son:

- **Sé consciente de vuestras diferencias...** A veces nos da vergüenza decir a la otra persona lo que queremos, más aún cuando se trata de nuestra pareja. Otras veces, para evitar el conflicto, no decimos nada y nos guardamos para nosotros todo aquello que nos frustra de la relación. Pero, para adaptarnos a las diferencias de cada uno, primero tenemos que reunir el valor de compartirlas con nuestra pareja; es imposible amoldarse a una relación si no mostramos nuestro auténtico yo. Tenemos que ser sinceros y revelar cosas sobre nosotros mismos que quizá nos cueste admitir, pero debemos confiar en nuestra pareja. Es un equilibrio bastante complicado.

- **... pero aprende a abrazarlas.** Disfruta de la búsqueda del equilibrio en una relación romántica. Se trata de crear una armonía entre dos fuerzas opuestas, no dos fuerzas iguales. El *chōwa* nos enseña a aceptar esas diferencias. Cuando tratamos una relación como una búsqueda de la armonía en sí misma, nos complementamos mejor el uno al otro.

Un pequeño error de cálculo

Sabía un par de cosas sobre cómo era una cita gracias a los programas estadounidenses que veía en la televisión, pero no tuve ninguna hasta que cumplí dieciséis años. Aquel día quedamos fuera de la estación de Shibuya, en Tokio. Después de hablar un rato, empecé a sentirme un poco incómoda. Nuestras interacciones se resumían así: el chico me hacía una pregunta, yo la respondía lo mejor que podía, él asentía con la cabeza, miraba al suelo y me hacía otra pregunta. ¿Dónde estaba ese chico encantador y seguro de sí mismo que me había pedido salir hacía tres semanas? Al final echó un vistazo a su reloj. «Tenemos que irnos ya», dijo. También insistió en que no me preocupara de nada, porque él había pensado en todo.

Andamos hasta una cafetería, donde nos tomamos un café. Otra vez volvió a someterme a esa extraña entrevista y yo, como siempre, me limité a contestar todas y cada una de sus preguntas. Apenas llevábamos allí quince minutos cuando volvió a mirar el reloj y pidió la cuenta. Luego cogimos un tren para ir a una calle bastante concurrida llena de tiendas, en Asakusa. Me habría quedado allí más tiempo, paseando entre los distintos puestos, pero él miró la hora y dijo que teníamos que marcharnos. Cuando llegamos al restaurante en el que íbamos a comer, yo ya estaba agotada.

Mientras daba sorbos a mi bebida, el chico se levantó para ir al servicio y se dejó una pequeña libreta encima de la mesa. No pude resistir la tentación y la cogí para echarle un vistazo. Al pasar las páginas, me di cuenta de que había planificado toda la cita. Había dividido el tiempo en intervalos de cinco, diez y quince minutos. También había apuntado temas de conversación, preguntas que quería hacerme e incluso mis posibles respuestas. Supongo que solo quería que la cita fuese un éxito, pero esa planificación tan cuadriculada no era lo que yo estaba esperando.

Planificar la vida en pareja también es un placer

Como ya he dicho varias veces a lo largo del libro, el *chōwa* nos enseña a adoptar una actitud de preparación consciente, es decir, averiguar todo lo que podamos sobre las circunstancias antes de actuar, para así llevar la armonía a cualquier situación.

El problema es que, en una relación de pareja, los mejores momentos que pasamos con la otra persona son aquellos en los que no hemos planeado cada minuto al detalle, cuando abrazamos lo impredecible y nos dejamos llevar. No habría estado mal que aquel novio que tuve a los dieciséis años hubiera tenido en mente este consejo.

Cuando hablamos con nuestros amigos sobre la armonía en la pareja, sonreímos. Sabemos que las relaciones no siempre son un camino de rosas. Hay pocas cosas más divertidas que intentar ceñirse al guion en una cita. Pero, al mismo tiempo, merece la pena pensar en nuestras relaciones como en un proyecto en el que trabajar de forma consciente. Este es un debate bastante popular en los programas de televisión japoneses, en los que se plantean cuestiones como si debería reservarse un tiempo determinado que dedicar a la pareja. Yo creo que una de las principales ventajas de tener un «plan» es la tranquilidad de sentirnos más preparados, aunque nuestra meta no sea una armonía perfecta. Esta actitud es muy útil, tanto si acabamos de conocer a alguien como si queremos avivar la llama de nuestra relación.

- **Planifica para controlar mejor los nervios.** Da igual que estemos planeando una cena de aniversario o pensando en el lugar perfecto en el que tener una cita, trazar un plan es una de las mejores formas de evitar los nervios. El *chōwa* aplicado a las relaciones nos dice que debemos tener en cuenta las preferencias de la otra persona y hacer un esfuerzo consciente por darle prioridad. Planear con antelación es una parte indispensable de esta estrategia. No hace falta pasarse, claro, pero pensar de antemano en cómo queremos que avance nuestra relación elimina muchas de nuestras preocupaciones y nos permite abrirnos más al amor. Solo hay algo mejor que hacer planes: hacerlos en pareja. Así le darás prioridad al otro a la vez que dejarás claras tus propias preferencias. Esta clase de equilibrio es de los más complicados de alcanzar, pero a la vez es crucial en cualquier relación de pareja.

- **Planifica mediante la escucha activa.** La mejor preparación que conozco, no importa la fase en la que se encuentre la relación, es escuchar de forma activa a nuestra pareja. Al estar en sintonía con la otra persona, prevenimos cualquier sorpresa desagradable. Acuérdate de cuando te conté cómo escuchaba a mi hija cuando llegaba del colegio y como, dependiendo de las distintas maneras en que decía «mamá, ya he llegado», era capaz de interpretar su estado de ánimo. Pues bien, tenemos que hacer lo mismo con nuestra pareja.

- **Planificad vuestro tiempo para estar más unidos.** En los programas de los que hablaba antes, los colaboradores más jóvenes se burlan de los mayores cuando estos defienden el dedicar un tiempo específico cada semana a la pareja. Es normal caer en una rutina que no nos deje tiempo para estar con el otro, pero tampoco hay que pensar que la planificación y la espontaneidad son fuerzas opuestas. Un poco de preparación (decidir en pareja cuándo vais a pasar la noche en casa juntos o cuándo os vais a ir de fin de semana) crea múltiples oportunidades de despertar la espontaneidad y el espíritu aventurero, y es un soplo de aire fresco para la relación.

El origen del amor

En Japón, el concepto de romanticismo es muy distinto del de Occidente. En parte, esto se debe a que Japón cerró sus fronteras en el siglo XVII para protegerse de la expansión colonialista de las potencias occidentales, como Gran Bretaña, España y Holanda. La política de puertas cerradas duró más de doscientos años (desde 1633 hasta 1853). Durante este periodo de tiempo, estaba prohibido que los japoneses abandonaran el país, y tampoco se permitía la entrada a extranjeros (salvo en los puertos mercantes designados para ello). A las autoridades japonesas les preocupaban la posible propagación de enfermedades como la viruela y la expansión del cristianismo. Uno de los efectos secundarios del cierre de fronteras fue que el concepto occidental del amor no llegó a Japón hasta que volvieron a abrirse en el siglo XIX.

El aislamiento de Japón comenzó poco después de que se publicaran los famosos sonetos de Shakespeare, y no concluyó hasta después de la muerte del poeta Wordsworth. Durante ese tiempo se desarrollaron muchos conceptos del amor romántico que los occidentales hoy dan por sentados; por ejemplo, el amor basado en las preferencias personales y el afecto mutuo en lugar de las expectativas sociales, o la idea de que hay una persona en el mundo para la que estamos de alguna manera «predestinados». Admito que estos conceptos me parecen demasiado idealistas, más propios de la ficción que de la realidad. La idea japonesa del amor es un poco más práctica.

Un buen ejemplo del concepto japonés del amor se encuentra en los haikus. Aunque a menudo estos breves poemas tratan de la naturaleza, también los hay que tocan el tema del amor. Igual que el mundo natural, el amor es cambiante y efímero. Si bien los personajes que aparecen en los haikus nos resultan poco familiares (por su aspecto, por las horquillas *kanzashi* que llevan en la cabeza o porque visten un kimono), su forma de amar es bastante cercana a la nuestra. Una mujer contempla su abanico sin decir nada. En la cama se firma una tregua cuando las manos de ambos, y luego los pies, se tocan por primera vez. Un hombre reflexiona sobre la emoción de hacer el amor con su mujer a plena luz del día. Todos estos temas son atemporales y actuales, no solo de hace cientos de años. Luego está el *shunga,* el arte erótico que se hizo popular durante el periodo Edo. Una imagen muestra a dos amantes arrancándose la ropa, aunque con poco éxito por culpa de las múltiples capas de kimonos que llevan puestas. Uno mira esa escena y se pregunta si no se les habrán pasado las ganas cuando se quiten todas las prendas. Y luego nos hace reflexionar sobre la vanidad. Debajo de todas esas telas de colores brillantes, son solo personas.

Mientras que la cultura occidental tiene un concepto del amor idealizado, como si fuera algo sagrado y casi intocable, en Japón es más práctico y lógico, como algo que necesita coraje para nacer y esfuerzo para sobrevivir. Hay veces en las que el amor nace y muere en un solo día, por eso, en nuestra cultura, va ligado a disfrutar del momento. Así que, aunque Japón cerró las puertas a la rica tradición occidental construida alrededor del concepto del amor, el resto del mundo también se perdió nuestra perspectiva única y realista de las relaciones y el romanticismo, de lo que significan el deseo, los celos, la timidez o la pérdida del amor.[55]

El equilibrio más difícil de todos

Tener una relación muy cercana con otra persona es uno de los mayores desafíos a los que nos enfrentaremos en la vida. En la última parte de este capítulo demostraré que los fundamentos de una buena relación pasan por abrazar nuestras diferencias, no por suavizarlas. Cuando atravieses un bache en una relación, quizá sientas la tentación de fingir delante de tu pareja que todo va bien, pero es preferible que expreses tus sentimientos. Cuando buscamos el equilibrio y la armonía con otra persona, el amor es una de las partes más importantes, pero también lo es nuestra habilidad de comunicarnos (siempre con sinceridad) con nuestra pareja. Tenemos que descubrir qué necesitan de nosotros y exteriorizar lo que nosotros necesitamos de ellos.

Entiende vuestras diferencias • Quizá te cueste aceptarlo, pero tu pareja es, en última instancia, una persona independiente, con sus propios gustos y manías.

El *chōwa* nos enseña que lo principal a la hora de construir una relación sana es, como en otros aspectos de nuestra vida en los que buscamos el equilibrio, la investigación. Sí, aunque suene poco romántico. Según mi experiencia, para vivir en armonía con otra persona, primero tienes que asegurarte de que te llevas bien con ella. Aunque siempre habrá diferencias entre tu pareja y tú, encontrar a alguien con quien compartir suficientes cosas como para llevar una vida cómoda y feliz es muy importante. Ojalá alguien me hubiera dicho esto. Yo aprendí por las malas.

No importa si lleváis juntos un mes o diez años, siempre habrá algunas diferencias entre ambos que serán imposibles de «corregir» o de cambiar. Hasta cierto punto, todos tenemos que aprender a aceptar a nuestra pareja tal y como es. Su forma de ser es una mezcla de la educación que ha recibido, de sus amistades, sus experiencias y sus relaciones pasadas. Aceptarlo no siempre es fácil. A lo mejor descubrimos cosas que al principio, cuando todo parecía sencillo y transparente, no sabíamos de la otra persona. La parte buena es que este viaje que recorreréis juntos también puede ser trepidante. Esforzarnos por entender a nuestra pareja, hablar con ella de las cosas que la hacen ser quien es, de lo que le asusta, de lo que quiere y de lo que le apasiona nos da fuerzas para que la relación funcione. Cuando dos personas hacen un esfuerzo consciente por entender las diferencias que hay entre ellas, terminan mucho más unidas que antes.

Abraza vuestras diferencias • Piensa en el *wa* de *chōwa*, que significa «buscar la paz de forma activa». Así entenderás mejor lo que significa abrazar las diferencias que hay dentro de una pareja, no mediante las concesiones y los pactos (por ejemplo, cuando decidís hacer algo juntos que en realidad no os apetece a ninguno), sino disfrutando de la tensión que se crea entre dos opiniones, entre dos fuerzas opuestas y, en definitiva, entre dos personas.

Abrazar las diferencias puede ser algo tan sencillo como apreciar el tira y afloja con el que buscamos el equilibrio en cada conversación, en los pequeños desacuerdos e incluso en las discusiones más serias y aceptar que la otra persona tenga ideas distintas. No siempre se está de acuerdo en todo, pero se puede estar de acuerdo en que discrepáis.

> **Da prioridad a la otra persona.** El *chōwa* es la búsqueda activa del equilibrio. La palabra «activa» implica que es una búsqueda constante y que tenemos que estar siempre alerta por si surge algún contratiempo que desestabilice lo que habéis conseguido. Cuando decimos que tenemos que «cuidar» del otro, quizá suene un poco empalagoso, pero es cierto. Además, nuestros cuidados tienen que ser activos, y debemos incorporarlos a todo lo que hacemos: cuidar a nuestra pareja con nuestras palabras, con la atención que le prestamos, cuando estamos juntos en casa y cuando estamos lejos.

No hace falta decir «te quiero» • Lo cierto es que en japonés no hay una manera de decir «te quiero». Existe el verbo «amar» *(aishiteiru)*, pero en este contexto suena poco natural.

愛
ai

El amor al que se refiere el carácter *ai* es un sentimiento muy noble e idealizado. También se utiliza para referirse al amor por la patria, *«ai-koku»*. Para muchos japoneses, *ai* es un kanji formal, que se utilizaría para proponer matrimonio o en el contexto de una telenovela. Uno de los motivos por los que a los japoneses les cuesta tanto decir «te quiero» es porque sienten que el amor se demuestra a través de los actos, no de las palabras.

La gente joven de Japón, igual que en Occidente, nunca habla de si está enamorada de alguien de clase; lo que dirían es que les gusta. Sin embargo, a diferencia del término «gustar» de la cultura occidental, el verbo en japonés *(suki)* cubre todos los tipos de afecto. Se utiliza para decir que alguien te gusta si hablas de un compañero o compañera de clase, pero también se utilizaría después de una segunda cita o si va dirigido a la persona con la que llevas viviendo diez años: *«suki desu»*, «me gustas mucho».

Esta forma tan directa de expresar lo mucho que nos gusta una persona debería utilizarse con más frecuencia dentro de las relaciones adultas. Si de verdad te plantas empezar una relación romántica con alguien, ¿por qué no piensas si esa persona «te gusta» en lugar de pensar en términos tan empalagosos y poco realistas como el del «amor verdadero»? Si ya estás en una relación con alguien, piensa en lo que de verdad te gusta de esa persona y díselo.

好き

suki

Como en la frase *«anata ga dai suki desu»* («me gustas mucho»).

Luego está la palabra «amor» en japonés, que se escribe *ra-bu*. Si te fijas, verás que la grafía es más angular. Esto se debe a que este tipo de caracteres más simples se utilizan para escribir los préstamos de lenguas extranjeras. En este caso, *ra-bu* es un préstamo de la palabra inglesa *«love»*, que se usa para referirse al concepto occidental del amor. Aparece en camisetas, en la literatura actual y en los artículos periodísticos. En la lengua oral, la utilizan sobre todo los adolescentes, quienes, influidos por las películas occidentales, han asimilado su significado (como el resto de la población, la verdad sea dicha).

ラブ
ra-bu

«*Love*», como en el término «*ra-bu hoteru*» (*love hotel*).

Los «*love hotels*» son unos alojamientos muy populares en Japón, dedicados a hospedar parejas durante estancias cortas para que disfruten de su tiempo juntos sin preocuparse de que los escuchen a través de las paredes de papel de las casas tradicionales. Pueden reservar la habitación durante toda la noche o durante solo unas horas. Algunas de esas estancias son muy sencillas, pero los *love hotels* más exclusivos se jactan de tener bañeras de hidromasaje, decorados de película y habitaciones preparadas para satisfacer cualquier preferencia o extravagancia del cliente. En resumen, son lugares pensados para que las parejas escapen de la rutina y aporten a su relación algo de emoción y secretismo.

Cuando algo no te guste, díselo a tu pareja • Una de las principales diferencias culturales entre las mujeres japonesas y, por ejemplo, las inglesas, es que las primeras son incapaces de expresar sus preferencias en una relación. Pero, para incorporar el espíritu del *chōwa* a nuestra relación (y esto incluye realizar una investigación previa y responder con generosidad a los demás), es indispensable que sepamos la opinión de nuestra pareja si queremos que la relación funcione. Por eso, seremos claros a la hora de expresar lo que necesitamos. *Si no decimos lo que queremos o si ignoramos nuestras necesidades en una relación, nunca alcanzaremos la armonía con nuestra pareja.*

Da igual que sea una relación breve o duradera, si la comunicación falla, al final haremos malabares mentales para encontrar el equilibrio entre lo que necesitamos de esa relación y lo que nos aporta en realidad. Decimos que algo «no nos importa» o que «lo podemos aguantar» y que el hecho de que a nuestra pareja le guste hacer tal cosa no es un problema, porque «los queremos mucho». Esas pequeñas cosas se van acumulando y nos hacen daño. Esto les ocurre con mucha más frecuencia a mis amigos japoneses que a los ingleses, más directos. Sonreír y fingir que no pasa nada no hará que alcances la armonía como por arte de magia. Esa no es la manera de encontrar el equilibrio ni con nuestra pareja ni con nosotros mismos.

No tengas miedo de pedir lo que necesitas... Cuando estamos en una relación con otra persona, buscar el equilibrio requiere que comuniquemos de forma clara aquello que necesitamos de nuestra pareja y que ella no nos está dando: sinceridad, privacidad, ternura o un poco más de espacio.

... pero sé realista. El *chōwa* nos enseña a estar en sintonía, tanto con el mundo real como con las personas que nos rodean. A veces somos demasiado exigentes con nuestra relación de pareja. Vivimos rodeados de imágenes de hombres y mujeres perfectos. No se trata solo de que la pornografía cree expectativas poco realistas de la pareja y de la sexualidad, sino que toda la cultura gira en torno a unos estándares de belleza que son imposibles de alcanzar en la vida cotidiana. Si comparas a tu pareja con una fantasía idealizada, lo más seguro es que nunca sea lo bastante buena para ti.

Nunca es demasiado tarde para encontrar a la persona adecuada • Ser conscientes de las enseñanzas del *chōwa* nos vuelve escépticos en relación con los conceptos del «destino» o la «suerte». En Japón, a veces decimos *un ga ii*. *Un* significa «destino». *Un ga ii* quiere decir «cuando el destino es bueno» o «tengo buena suerte». Es cierto que, de vez en cuando, ocurre algo inesperado, pero ya te he enseñado que la armonía no es un estado que alcanzamos por casualidad. No debemos conformarnos con ser un elemento pasivo, sino que debemos poner los cinco sentidos, dar un paso al frente y tomar las riendas de nuestra vida. Esto me recuerda a una expresión que me gusta mucho: «Cada cual fabrica su propia suerte». Creo que esta idea es muy cierta, sobre todo en lo que al amor se refiere.

Claro que, al mismo tiempo, la buena suerte no depende solo de nosotros; también influye mucho lo que hagan los demás. Nunca habría probado una página de citas por internet si mi hija no me hubiera convencido para hacerlo. Ella fue quien configuró mi perfil y lo puso todo en marcha. Cuando empecé a hablar con Richard, el hombre que más tarde sería mi marido, los dos confesamos que no habíamos tenido mucha suerte en ese tipo de páginas web. Ambos estábamos cansados de intentar estar a la altura de las expectativas de otras personas. Decidimos quedar para conocernos en persona.

Me presenté a la cita con un kimono de colores alegres. Incluso en una ciudad tan multicultural como Londres, pasear junto al Támesis llevando un kimono llama mucho la atención. Fue una forma estupenda de romper el hielo y de poner a prueba a mi cita. Creo que a él le gustó que lo vieran pasear con una mujer japonesa con un kimono tan elegante y bonito.

La idea era quedar junto al río y comer juntos en un *pub*, pero, al final de la comida, nos quedamos a tomar algo, y ese «tomar algo» se alargó tanto que dio paso a la cena. Ya era muy tarde cuando salimos del *pub* y nos fuimos cada uno a su casa. Los dos habíamos disfrutado muchísimo de la cita. Cuando nos despedimos, no sabía lo que me deparaba el futuro, pero pensar en quedar de nuevo con él me llenaba de esperanza y optimismo.

Ahora, cada vez que celebramos nuestro aniversario, lo hacemos en el mismo *pub*. Pienso a menudo en la expresión *«un ga ii»* («es cosa del destino»), y también en el *chōwa*, y en cómo el orden del universo parece contar con una armonía propia. Richard y yo nunca nos habríamos conocido si ambos no hubiéramos pasado por las experiencias que nos han convertido en quienes somos ahora. Tampoco lo habría conocido de no ser por mi hija, que me registró en aquella página web.

Enseñanzas del *chōwa:*
compartir un amor duradero

Si estás buscando a alguien

• Compartir la búsqueda del equilibrio con otra persona es una de las experiencias más bonitas, así que sal ahí fuera y encuentra a alguien especial. El pasado ha quedado atrás. La persona que fuiste en tus relaciones anteriores no es la misma que quien eres ahora. Piensa en todo lo que has aprendido gracias a esas experiencias poco agradables. Piensa en todo lo que le enseñarías a otra persona y en lo que aprenderías de ella. Nunca es demasiado tarde para dar con la persona adecuada.[56]

Si ya has encontrado a alguien

• Si ya tienes a alguien especial en tu vida, dile cómo te sientes. No hace falta recurrir al «te quiero», también puedes utilizar otras palabras o formas de expresar lo que esa persona significa para ti. Mejor aún, demuéstraselo. Haced planes juntos, como iros de vacaciones o practicar un *hobby.* También puedes contarle algo que todavía no sepa de ti (un secreto, algo que te dé un poco de vergüenza admitir o una historia de tu pasado).

12

Atesora cada encuentro

«Las nubes pasan como el agua que fluye».

PROVERBIO ZEN JAPONÉS

Hace veinticinco años que emigré de Japón, pero cada vez que vuelvo le hago una visita a Toshiko-sensei, mi profesora de la ceremonia del té. Da igual el motivo que me haya llevado a Japón (una boda, unas vacaciones o un funeral), practicar este arte tradicional de más de cuatrocientos años de antigüedad me ayuda a hacer balance y a encontrar el equilibrio, sea cual sea el estado emocional con el que entre en la silenciosa casa del té.* La ceremonia me recuerda mis orígenes: cada leve movimiento, cada acto meticulosamente planificado forma parte de la historia de mi país. La ceremonia del té nos recuerda que el presente está en constante cambio. Sí, es cierto que algunos aspectos de este ritual no han variado en todos estos siglos —la forma de limpiar los utensilios, la manera de batir el polvo de té *matcha,* el sol que se filtra a través de las ventanas de *shōji,* etc.—, pero quizá esta vez las púas del batidor están un poco torcidas o el té tiene un gusto más amargo que el de la última vez. Y, por supuesto, la luz del sol que atraviesa las ventanas de papel será distinta a la de la última ocasión en

---

* En las casas japonesas tradicionales, el *chashitsu* (la casa del té o el salón del té) era una habitación construida fuera de la casa principal especialmente diseñada para celebrar la ceremonia del té. *(N. de la T.)*

211

que nos vimos. Además, la paz mental, esa profunda atención que cultivamos durante la ceremonia del té, no se desarrolla solamente cuando estamos participando en ella. Tenemos que estar preparados para llevar con nosotros esa calma cuando la ceremonia termina. Lo que aprendo de la ceremonia del té no es solo una forma de expresión artística; también es un conjunto de enseñanzas para la vida. Voy a resumir las enseñanzas principales del *chōwa* que hemos aprendido a lo largo de este libro utilizando los principios de la ceremonia del té y después compartiré contigo una última reflexión sobre cómo llevar el espíritu del *chōwa* al mundo que nos rodea.

- **No olvides la importancia de la bondad, el equilibrio y la buena compañía.** La ceremonia del té nos transmite la importancia de tener el *chōwa* en mente cuando nos reunimos con alguien, ya sea con la familia, los amigos o con personas a las que apenas conocemos. Los fundamentos de la ceremonia del té nos recuerdan estos principios de la filosofía del *chōwa*: reflexionar sobre el delicado equilibrio que se crea en cualquier reunión, cuidar cada objeto con la mentalidad de que nada debe desperdiciarse y pensar en cómo servir mejor a los demás. Estos actos no solo son una demostración de generosidad, sino que están íntimamente ligados a nuestro sentido de la armonía.

- **Una vez, un encuentro.** La armonía no es un ideal inalcanzable, sino la suma de todo lo que nos ha llevado al momento presente, sin importar lo que hagamos ahora, con quién estemos o el motivo de nuestra reunión. La ceremonia del té es el perfeccionamiento de esa lección tan importante que nos transmite el *chōwa*: solo tenemos el ahora, y solo nos tenemos los unos a los otros.

El arte de la ceremonia del té

En realidad, la ceremonia del té es muy sencilla. Enciendes el fuego de carbón y pones el agua a hervir. Limpias los utensilios con sumo cuidado y naturalidad. Escuchas el dulce sonido de la tetera tradicional japonesa sobre el fuego de carbón. Viertes el agua caliente en la taza con un cucharón de bambú. Escuchas al maestro o maestra de la ceremonia mezclar el polvo de té verde *matcha* con un batidor especial de bambú.

La longevidad de la ceremonia del té va de la mano con el tratamiento de los propios utensilios y con el compromiso, tanto de alumnos como de profesores, de abrazar una serie de principios filosóficos. Los principios que encierra la ceremonia del té convierten este arte tradicional en una clase magistral sobre el *chōwa*.

Wa kei sei jyaku
(armonía, respeto, pureza y serenidad)

Mientras escribo estas palabras, levanto la cabeza para observar una obra de caligrafía colgada en la pared de mi despacho. Se trata de unos caracteres dibujados a mano en tinta negra con un pincel. Tres de esos caracteres son obra de un amigo mío, un experto en el *shodō*, el arte de la caligrafía. El primer carácter, *wa*, el mismo que forma la palabra *chōwa*, lo dibujé yo misma. Los cuatro caracteres dicen así:

和 敬 清 寂
wa kei sei jyaku

Wa kei sei jyaku son los cuatro principios del té. Cada uno ilustra un aspecto determinado de la ceremonia, así como el objetivo de esta práctica:

Wa (armonía)
Kei (respeto)
Sei (pureza)
Jyaku (serenidad)[57]

En este capítulo me acompañarás a la casa de mi profesora de la ceremonia del té. Al mostrarte cómo se realiza este antiguo ritual, te resultará más fácil entender qué se aprende del *chōwa* mediante los principios de la ceremonia del té. Igual que los aprendices de este arte son capaces de asimilar y poner en práctica las enseñanzas que han adquirido fuera de la casa del té, reflexionaremos sobre cómo incorporar el *chōwa* a todas las facetas de nuestra vida, más allá de las páginas de este libro.

El camino hacia la casa del té

Estamos paseando por el jardín de la casa de mi maestra, Toshiko-sensei. Oímos el relajante sonido del arroyo que desemboca en un pequeño estanque. Hay un par de montoncitos de hojas secas: alguien ha pasado el rastrillo para despejar el césped. Tres hojas flotan en la superficie del estanque. Nos agachamos junto al riachuelo para lavarnos las manos. Utilizamos el *hishaku,* un cucharón de madera, para beber un poco del agua cristalina. Luego, limpiamos el *hishaku* para los próximos invitados que, como nosotros, acudan a la ceremonia atravesando el jardín. Para ello, lo llenamos de agua y lo inclinamos de tal forma que el agua limpia resbale por el mango y regrese al arroyo. Lavarnos las manos y enjuagarnos con agua es un acto simbólico de pureza que se realiza antes de entrar en la casa del té. Nos recuerda que estamos a punto de entrar en un lugar especial.

Para llegar a la casa donde dará comienzo la ceremonia, caminamos por un sendero sinuoso de piedras irregulares.

Sobresalen tanto del suelo y están tan separadas entre sí que tenemos que prestar atención a nuestros pasos para no tropezar. Tú no apartas la vista de las piedras. Tus ojos recorren su superficie rugosa y el musgo resbaladizo que las cubre mientras avanzas con cautela, esforzándote para no perder el equilibrio.

Wa: la armonía entre los invitados y su anfitrión

Cuando hablamos de la ceremonia del té, el carácter *wa* se refiere a la armonía entre el anfitrión y sus invitados. *Wa* también representa el compromiso de prepararse a conciencia para el ritual, tanto por parte de los maestros como de los pupilos. Igual que en el *chōwa,* la preparación y el aprendizaje son clave para que la armonía esté presente en la ceremonia.

Para mi maestra, los preparativos empiezan semanas antes de la propia celebración. Toshiko-sensei envía las invitaciones a cada uno de sus invitados, cambia el papel *shōji* de las puertas correderas e investiga un poco sobre cada uno de los asistentes para presentarlos ante los demás. También deja el jardín impecable y, con la ayuda del personal de cocina, prepara una comida *kaiseki* para todos, la misma mañana en la que se celebra la ceremonia del té. Además, hace todo lo posible para estar preparada por si ocurre un imprevisto. Por ejemplo, siempre tiene utensilios y accesorios de repuesto por si a alguien se le olvidan los suyos. Lo que más me impresiona de ella es su amabilidad. Nunca deja de sonreír. Su reputación en el arte del té la precede y basta para que resulte intimidatoria, sobre todo para los principiantes. Pero su sonrisa tranquiliza a todo el mundo.

Por supuesto, nosotros, sus invitados, también nos hemos asegurado de estar bien preparados. Hemos comprobado que nuestros kimonos sean adecuados para la ocasión, hemos consultado un libro de etiqueta para saber si el nudo de nuestro *obi* es el correcto y nos hemos lavado las manos y la boca en el jardín. En realidad, esto es un gesto que indica que, al menos durante un corto periodo de tiempo, apartaremos de nuestra mente todo pensamiento del mundo material. Es decir, del mundo que espera fuera de la casa del té.

Wa: armonía en la casa del té

Cuando me preguntan si no es estresante estar tan concentrada en que todo sea perfecto y en que mi comportamiento durante la ceremonia del té sea ejemplar, no miento cuando respondo que no supone ningún estrés. Es más bien como aprender un tipo de danza o estar en un escenario. Nuestros movimientos, e incluso los temas de conversación, fueron seleccionados cuidadosamente hace más de cuatrocientos años por el maestro del té Sen no Rikyū. Nosotros reproducimos los mismos gestos al detalle, igual que se realizaban antaño. La ceremonia del té nos permite cortar nuestra conexión con el mundo moderno y volver atrás en el tiempo para descubrir lo que otra cultura consideraba el epítome de la sofisticación, la educación y la conversación. Es como pertenecer a un elenco de actores. Disfrutamos de ser una parte fundamental dentro de un grupo y de comprometernos a trabajar en armonía para que el resultado sea perfecto.

Antes de que comience la parte en la que bebemos el té, la maestra nos ofrece una bandeja de dulces japoneses tradicionales. Recuerdo que lo que más me interesaba de la ceremonia al principio era tener la oportunidad de probar estas pequeñas delicias, los *wagashi,* unos dulces hechos de pasta de judías. Su dulzura característica proviene de la fruta de la que están hechos, aunque también se espolvorea un poco de azúcar sobre ellos. La ceremonia del té se celebra después de una comida ligera. Los *wagashi* se considerarían una especie de postre. Cuando terminamos de degustarlos, da comienzo la ceremonia propiamente dicha.

Actuar conforme a las enseñanzas del *chōwa* supone empezar con buen pie gracias a la preparación y a la investigación previas. La ceremonia del té requiere el uso de toda clase de utensilios especiales, pero las enseñanzas que transmite (debemos vestirnos de acuerdo con el tiempo, el lugar y la ocasión y estar siempre preparados para todo, incluso para la peor circunstancia) son aplicables a nuestro día a día.

El *chōwa* conlleva el desarrollo de una «postura mental» de calma y serenidad. Practicar para encontrar esa concentración y equilibrio dentro de nosotros es la mejor forma de prepararnos para la ceremonia del té. También es la habilidad más útil que adquiriremos una vez acabe la ceremonia. Todo lo que hemos aprendido sobre el *chōwa*, ya sea estar más presentes con la familia, saber cómo tratar a nuestros compañeros y clientes en el trabajo, aprender algo nuevo o ayudar a los demás, proviene de una correcta «postura mental».

Kei: el respeto por los utensilios

Dos elementos importantes en la creación de la atmósfera de armonía que reina en una habitación del té son el respeto y el cuidado que mostramos a todos y cada uno de los utensilios que intervienen en la ceremonia. No importa lo antiguos o lo nuevos que sean esos objetos, todos reciben el mismo trato. La limpieza de los utensilios que hemos empleado durante el ritual es igual de importante que el acto de beber el té en sí. Estos son los utensilios que se utilizan:

- El recipiente del té.
- El polvo de té *matcha*.

- El bol de té.
- El cucharón de bambú con el que servimos el té.
- La cuchara fina y alargada de bambú con la que introducimos el polvo de *matcha* en las tazas.
- El batidor de bambú con el que mezclamos el té.
- Un elegante pañuelo de seda con el que limpiamos los utensilios.

Una vez que todo el mundo está sentado, Toshiko-sensei hace una reverencia hacia sus invitados y empieza a limpiar los utensilios con el *fukusa* (un pañuelo de seda): primero el *natsume* (el recipiente del té), luego el *chawan* (el bol de té) y después el *chasen* (el batidor). Para limpiar este último, vierte un cucharón de agua caliente en el bol de té y, sujetando el batidor con la mano derecha, remueve el agua del cuenco. A continuación, examina con cuidado cada una de sus púas. Al calentar este utensilio antes de utilizarlo, nos aseguramos de que las púas se hayan vuelto un poco más maleables, para que no se rompan cuando lo usemos para remover el té *matcha*.

El *chōwa* significa tratar todas nuestras posesiones con el espíritu *mottainai*. Encontrar el equilibrio no consiste en crear un espacio «armonioso» a golpe de tarjeta de crédito o comprar el último aparato con el que ahorrarnos unos segundos en nuestra rutina diaria, sino en tratar a nuestras posesiones con el respeto que se merecen. Nuestra relación con los objetos compone un delicado equilibrio: debemos descubrir cómo cuidar de ellos lo mejor posible para que, a cambio, ellos nos sirvan. Comprométete con el espíritu del *mottainai* (el máximo aprovechamiento). Analiza en profundidad qué necesitas y qué no. Da a tus posesiones una vida útil lo más larga que te sea posible, reparándolas y reutilizándolas.

Kei: el respeto hacia los demás

Imagina que te has sentado sobre un tatami con las piernas cruzadas en la postura del loto. Sigues conmigo en la casa del té, y quizá nos acompañen otros tres alumnos. Nos sentamos en una esquina de la habitación, mirando hacia la maestra, Toshiko-sensei, que está sentada en la esquina opuesta, preparando el té *matcha*. Lo más probable es que Toshiko te presente al resto de los asistentes a la ceremonia como mi estudiante. Ella te daría la bienvenida con una de sus cálidas sonrisas y tú harías una reverencia en señal de agradecimiento. Mientras lo haces, te percatas de que he depositado mi abanico en el suelo, enfrente de mí, y de que mis manos descansan justo delante del abanico. Este uso del abanico es un ejemplo perfecto del equilibrio en la ceremonia del té. Respetamos la armonía del grupo, pero también respetamos el espacio personal de los demás.

Todos los allí presentes nos hemos reunido por la misma razón: para hablar del arte y de la vida, mostrar nuestro respeto por este antiguo ritual y disfrutar de la compañía del resto del grupo. Las presentaciones son breves pero concisas. Cuando la maestra me presente ante el resto de los invitados, quizá mencione mi organización benéfica. Si los demás quieren hablar conmigo después sobre eso, podrán hacerlo, pero no están obligados si no quieren. No hay ningún tipo de presión en ese aspecto.

En la casa del té no hay cabida para la cháchara sin sentido. Es un lugar para admirar el arte que cuelga de las paredes, para apreciar el sabor del té tradicional y la delicada cerámica en la que lo bebemos.

El alumno más antiguo recibirá el té el primero, y luego pasará el cuenco *chawan* al resto del grupo.

El *chōwa* lo forman todas los pequeños gestos con los que creamos una atmósfera de respeto mutuo. Tómate tu tiempo para escuchar de forma activa a los demás. Concéntrate en prestar atención a lo que dicen, en lugar de pensar en lo que tú vas a responder. Intenta no desperdiciar mucha energía en emociones improductivas, como el enfado, la frustración, la vergüenza o el fracaso. Entiende que esos sentimientos son perfectamente normales, pero que, como todo lo demás, no duran para siempre.

Sei (pureza): la apreciación del arte y de la belleza natural

En la ceremonia del té, el carácter *sei,* o la pureza, no se refiere tanto a la limpieza sino a la belleza natural. Esto incluye la apreciación de las obras de arte que hay dentro de la casa del té. Este arte adopta muchas formas: los cuadros de paisajes naturales y las obras de caligrafía que cuelgan en las paredes, los propios recipientes que se utilizan en la ceremonia e incluso los movimientos calculados y fluidos de los participantes en el ritual.

Es habitual que los invitados comenten el arte expuesto en la sala (quizá algún paisaje de montañas o de una cascada). También hablamos sobre la caligrafía, que a menudo son frases *zengo* (una frase de la sabiduría zen). A lo largo del libro he incluido un par de estas frases, como la de *«shōyoku, chi-shoku»* («deseo mínimo, satisfacción consciente») y *«kō-un-ryū-sui»* («las nubes pasan como el agua que fluye»), el *zengo* con el que introduje este último capítulo.

Otro aspecto a tener en cuenta cuando apreciamos las obras de caligrafía es la forma en que se han trazado. Se dice que la manera de desenvainar la espada demuestra la clase de persona que es el guerrero. Lo mismo ocurre con la caligrafía. Tu manera de sostener el pincel dice mucho de tu personalidad y de tu carácter. Es muy interesante observar la caligrafía de un personaje histórico importante: un samurái, un artista marcial, un actor o un político. Igual que cuando releemos la carta que nos envió un amigo de la infancia, quizá descubramos que fue cuidadosamente escrita (por ejemplo, si quería transmitir una mala noticia) o si la garabatearon con prisa. Observar una antigua obra de caligrafía se parece un poco a recibir una carta escrita hace cientos de años.

Cuando preguntemos algo sobre caligrafía, sobre el arte de las paredes, los arreglos florales o la propia cerámica de la ceremonia (muchos de los recipientes tienen años de antigüedad), las preguntas que formulemos serán muy simples: ¿cómo se llama este té?, ¿qué puedes contarnos sobre esas flores?, ¿cuál es la historia de ese jarrón?

Lo más importante del arte dentro de la casa del té (y de la propia casa del té) es su *sei,* su pureza. No hay luces eléctricas. Los tatamis son auténticos, percibimos el olor a paja. La naturaleza está en todas partes, hasta en los motivos florales de los kimonos. La única luz de la estancia son los rayos del sol que se filtran a través de los paneles *shōji.* El único sonido es el de la antigua tetera al hervir sobre el fuego de carbón y los sonidos de la naturaleza que entran del exterior (el canto de los pájaros, el murmullo de las cigarras…).

El *chōwa* conlleva seguir el ritmo que marca la naturaleza, no luchar contra él. Encontrar nuestro equilibrio con el mundo depende en gran medida de lo abiertos que estemos a aceptar una verdad muy sencilla: todos formamos parte de la naturaleza. La vida también es sufrimiento. Las cosas más pequeñas son maravillosas y tienen un gran valor.

Jyaku (serenidad)

La palabra *jyaku* significa «serenidad». Es el mismo carácter que conforma la palabra *sabi* en *wabi-sabi.* Quizá la palabra serenidad no transmita toda la complejidad de este carácter. No es solo la sensación que te embarga al contemplar la quietud del jardín de Toshiko-sensei en otoño, sino ese sentimiento de soledad o melancolía que lo acompaña. Es una estética: el tipo de sensación que uno tiene cuando ve los antiguos cuencos *chawan* de té y sabe que muchas personas que bebieron de él antes que nosotros ya no están en este mundo. Es una de esas delicadas contradicciones que dan forma al *chōwa:* la comunión entre la belleza y la nostalgia.

La serenidad que nos invade en la ceremonia del té es muy parecida a la que sentimos cuando apreciamos el mundo natural desde el punto de vista *mono no aware* (la consciencia de que todo pasa). Nada dura para siempre. Debemos aprender a apreciar lo que tenemos hoy y valorar la felicidad de estar junto a nuestros seres queridos. Como nosotros, ellos tampoco estarán aquí eternamente. Comprender esa verdad nos aporta serenidad mientras bebemos el té en silencio, disfrutando de la buena compañía.

> **El *chōwa,* igual que la serenidad, no es una meta en sí mismo.** La caligrafía que tengo expuesta en mi despacho *(wa kei sei jyaku)* está escrita en un cuadrado de papel. Esta forma sugiere una especie de flujo continuo, no un viaje lineal de un punto A a un punto B. Eso es porque alcanzar un estado de paz mental *(jyaku* o serenidad) no es el final de nuestra práctica, es simplemente la mejor disposición mental con la que implementar los otros tres principios: *wa, kei* y *sei.*

Pasa lo mismo con el *chōwa.* Como ya habrás descubierto, el *chōwa* no es un fin en sí mismo. Aunque el objetivo de este libro era «encontrar el equilibrio», ese no es el final del viaje. Nuestro equilibrio es la «postura mental» con la que aprendemos a ser más generosos con nosotros mismos, a ser mejores personas con los demás y a extender el espíritu de paz al resto de la sociedad.

El *chōwa* nunca se abandona. Recuerda, cualquier equilibrio es, en el fondo, un acto en el que se mantiene el equilibrio.

Voy a mostrarte un último *zengo*.

一期一会
ichi-go, ichi-e
ichi significa «uno»
ichi-go significa «una vez»
ichi-e significa «un encuentro»

En la vida, este momento, este encuentro, solo ocurrirá una vez. Esta frase nos exhorta a apreciar el presente.

¿Dónde estás leyendo este libro? Mientras lees estas palabras, ¿qué otras cosas se te pasan por la cabeza? ¿Qué se siente al escuchar mi voz a través de estas páginas? Piensa en este momento, estés donde estés, sea lo que sea lo que estés haciendo, además de leer. Acepta la idea de que este instante, esta conversación, nunca volverá a repetirse. Nos encontraremos justo aquí, solo una vez, y luego cada uno de nosotros seguirá su propio camino.

La ceremonia del té es muy parecida a esta idea. Hoy estamos en la casa del té, en el hogar de Toshiko-sensei. Los utensilios que tenemos en nuestras manos quizá tengan cientos de años y se hayan utilizado en miles de ceremonias como esta. Pero este encuentro, este aquí y ahora, nunca había ocurrido antes y, una vez salgamos de la casa del té, somos conscientes de que no volverá a producirse.

No hace falta tener esta idea siempre en mente, pero pensar en este *zengo*, *ichi-go, ichi-e* (una vez, un encuentro), nos recuerda por qué la práctica del *chōwa*, de la armonía, es tan importante.

La próxima vez que estés en una fiesta o que salgas con tus amigos, piensa en tu estado mental. Si has bebido, ¿qué se siente al tomar una cerveza o una copa de vino? ¿Cómo te sientes después de haber estado con esos amigos en concreto? ¿Qué sentimientos te invaden si piensas en los amigos que no han ido? Da igual que los veas a menudo o que solo quedéis de vez en cuando, si imprimes en tus pensamientos el espíritu del *ichi-go, ichi-e*, sentirás ese equilibrio único e irrepetible que se forma cuando os juntáis. Y sabrás apreciarlo.[58]

La vida y la muerte

No sabemos lo que nos depara el mañana. En la época de los samuráis, la ceremonia del té se celebraba con el conocimiento de que cualquiera de los allí presentes, en especial los propios guerreros, podría no volver nunca. La espada de los samuráis no era bienvenida en la habitación del té, por lo que la dejaban fuera, en un lugar pensado para ello, contra la pared. Solo la recuperaban cuando la ceremonia concluía. Quizá después de la ceremonia debían partir a la batalla en alguna provincia extranjera para no volver, y nunca más verían a las personas con las que habían compartido el té aquel día.

Cuando miramos la vida a través de los ojos del *chōwa*, vemos que incluso la pérdida nos da lecciones sobre nuestra propia fragilidad, como individuos y como sociedad. A lo largo de este libro hemos hablado sobre el poder del *chōwa* para ayudarnos a hacer lo correcto en cualquier tipo de situación, pero cuando se trata de una pérdida no importa lo preparados que estemos ni lo mucho que hayamos investigado. No existe una única respuesta, y nada de lo que hagamos compensará esa ausencia.

Cuando perdemos a alguien cercano a nosotros, es natural sentir que caemos y que no somos capaces de volver a levantarnos.

Pero el *chōwa* nos recuerda que la gente se une en esos momentos de dolor. También nos enseña que las personas que siguen entre nosotros son las que más importan, y que debemos ayudarnos mutuamente para ponernos en pie.

La muerte de Sen no Rikyū

Sen no Rikyū nació en 1522 en una familia japonesa de clase media. En lugar de seguir los pasos de su padre en el negocio familiar, decidió tomar un camino más espiritual. Su estudio del budismo zen hizo que se interesara por la ceremonia del té. En la época de Sen no Rikyū, las casas del té se habían convertido en una forma extravagante de demostrar la riqueza y el estatus social de sus propietarios. Pero la influencia de Sen no Rikyū cambió esta concepción.

Toyotomi Hideyoshi (1537–1598) era el señor más poderoso de la época. Además, se consideraba un gran aficionado al té. Hideyoshi, como muchos otros hombres ricos, se dejaba influenciar a menudo por el poder del oro, razón por la que encargó siete «salones del té dorados». Aquello iba en contra de la mentalidad de Sen no Rikyū, pero Hideyoshi admiraba profundamente al gran maestro del té y le pidió que se convirtiera en su mentor de la ceremonia. Sen no Rikyū aceptó. Sin embargo, a medida que crecía su fama, Hideyoshi empezó a sentir celos e incluso temor de su maestro. Al final, le dio un ultimátum terrible: morir asesinado o morir con honor por su propia espada. Sen no Rikyū eligió el suicidio ritual.

Antes de morir, lo preparó todo, incluido su propio funeral. Convocó a sus pupilos predilectos para celebrar una última reunión. Comieron, leyeron poesía y oficiaron una ceremonia del té, a sabiendas de que aquella sería la última vez que iban a disfrutar de la compañía de su maestro. Mientras se preparaba para el inminente final, Sen no Rikyū transmitió todo lo que sabía y garantizó la supervivencia de su arte.

Cuando realizamos una ceremonia del té, conmemoramos la muerte de Sen no Rikyū. Nos ayuda a entender la estupidez de los poderosos, la crueldad de los fuertes y la injusticia que sufrió aquel hombre bueno y sensible. Pero también reflexionamos sobre aquella muerte honorable y su premeditación al acercarse su hora. Es difícil no admirar la fortaleza mental y la valentía con la que se enfrentó al final de su vida.

Hace poco tiempo, peregriné al lugar donde yace la tumba de Sen no Rikyū. Era un sitio muy tranquilo y pacífico, pero no estaba sola. Me sorprendió ver a otras personas que, igual que yo, retiraban las hojas, limpiaban la lápida y paseaban por el cementerio, sumidos en sus propios pensamientos. Me parece maravilloso que, cuatrocientos años después, aquellos que practicamos la ceremonia del té nos sintamos agradecidos por sus enseñanzas.

El funeral de mi padre

En sus últimos momentos, mi padre creyó oír voces procedentes de la habitación de invitados: las voces de su madre (que había muerto cuando él solo tenía cinco años) y de su hermano (que nos había dejado hacía unos pocos años). Mi padre se sentó, casi como si quisiera ir con ellos, y murió.

En cierto modo, los funerales japoneses se parecen a la ceremonia del té. Todos participamos en una coreografía orquestada hace siglos. La atmósfera es tensa y solemne mientras nos despedimos de la persona que se ha ido, a la vez que hacemos compañía a aquellos que siguen vivos.

Mi hija, mi madre, mi hermana y yo nos arrodillamos junto al cuerpo de mi padre, envuelto en una tela blanca. Su rostro estaba cubierto por un velo blanco.

Mi madre encendió un palito de incienso e hizo sonar una pequeña campana cuyo eco se propagó hasta que fue engullido por el silencio. Un momento después, yo hice lo mismo.

La luz del sol atravesaba las ventanas de papel. La nieve se amontonaba en el exterior. Con suavidad, mi madre le dijo a mi padre que su nieta había venido a casa.

Mi padre, ese hombre estricto que me había transmitido todo lo que sabía sobre la disciplina samurái.

Mi padre, que adoraba las flores y, como a mi madre, le encantaba cuidar del jardín. Siempre decía: «Las flores, como las mejores cosas que hay en la vida, son gratis». También decía: «Un hombre que entiende a las flores no puede hacer ningún mal». Aquel día había muchísimas flores sobre el ataúd de mi padre.

Observamos a los encargados de la funeraria bañar su cuerpo. Mi hija, mi madre, mi hermana y yo limpiamos su cara con suavidad y luego nos apartamos para que los profesionales hicieran su trabajo.

Le pusimos calcetines *tabi* y unos guantes blancos, atados a sus tobillos y muñecas con un pequeño nudo. Levantamos su cuerpo, vestido con un kimono de seda blanco, y lo colocamos con cuidado sobre el ataúd.

También metimos un par de sandalias, un bastón y un sombrero (para que la nieve no le cayera sobre la cabeza y para que el sol no le molestara en los ojos), con la esperanza de hacerle más fácil ese último viaje.

Después de la cremación, era nuestro deber como familia colocar sus restos en una urna. Cogimos cada una un trozo de hueso con unos palillos. Mi hija, que nunca antes había asistido a un funeral japonés, me dijo más tarde que había sentido repulsa, pero que también le había embargado la sensación de formar parte de algo sagrado.[59]

La mañana siguiente al funeral, mi hija me contó que la había despertado un cuervo al posarse en el tejado de la casa. Inmediatamente, había oído a otros dos cuervos graznar a pleno pulmón en señal de protesta por la llegada de aquel visitante inesperado. Pero el cuervo que acababa de posarse ya había levantado el vuelo. Mi hija supo entonces que ese era su abuelo y le decía que se levantara. Su abuela opinaba que el espíritu de mi padre había vuelto a la casa para proteger a la familia. Yo no estaba segura. Solo sé que, cuando perdemos a alguien, es normal sentirse más cerca del mundo espiritual.

¿Qué desayunan los muertos?

Cuando alguien muere y llega el momento de honrar su memoria, de hacer lo que el difunto habría querido, a veces nos encontramos en una encrucijada. Con los vivos es más fácil: los escuchamos, nos fijamos en la expresión de su rostro, hacemos lo que esté en nuestra mano para ayudarlos a sentirse mejor. Dejamos que el espíritu del *chōwa* nos guíe en cada una de nuestras interacciones. Con los muertos, vamos a ciegas.

Me gustaría compartir contigo un pequeño pasaje que escribió mi hija a raíz de la muerte de mi padre. En él se refiere a sus abuelos como *Ogiichan* (abuelo) y *Obaachan* (abuela), como hacemos en Japón.

Entré en la habitación donde estaba la caja con los restos del *Ogiichan*. Abrí las contraventanas. Mi *Obaachan* encendió una vela y un palito de incienso. Yo la imité. Recité una oración. Ambas miramos la caja con los restos. Ambas lo miramos a él. Mi *Obaachan* me dijo que le preparase el desayuno.

—¿Qué desayuna un muerto? —le pregunté.

—Tostadas, porque eso era lo que tomaba cuando estaba vivo.

Así que fui a la cocina, hice unas tostadas, las puse en un plato y lo coloqué encima del altar. Lo miré y me reí. Es extraño tratar a una persona que ya no está como si todavía siguiera ahí.

Cuando mi tía despertó, vino a la sala de estar. Al ver las tostadas, me preguntó, un poco dubitativa pero con aspereza:

—¿Qué hacen esas tostadas en el altar sagrado?

—Son su desayuno.

—¡Los muertos no comen tostadas!

—*Obaachan* me ha dicho que le sirviera el desayuno.

Mi tía bajó la voz.

—Ahora ya es «espíritu». Y al espíritu se le pone un cuenco de arroz blanco.

Yo me encogí de hombros.

—Pues ve a hablar con *Obaachan*.

Mi tía fue a explicarle a *Obaachan* los pormenores de lo que un muerto precisa. Desde el salón escuché a *Obaachan* gritar:

—¡No quiere arroz blanco!

Y mi tía le gritó a su vez:

—¡Pues claro que quiere, es un espíritu![60]

En el luto no hay un guion al que ceñirnos. Nos pasamos la vida buscando el equilibrio, intentando actuar con generosidad. Pero, en lo que respecta a la pérdida, no se puede aliviar el dolor de perder a alguien a quien queríamos. Cada uno tiene su propia idea de qué es lo apropiado en un momento como este.

La pérdida nos acerca a los demás. Cuando me reuní con los padres que habían perdido a sus hijos en el tsunami de 2011, muchos de ellos deseaban ayudar a quienes seguían con vida. Cuando pregunto a los jóvenes con los que trabajo qué quieren hacer cuando sean mayores, muchos responden: «Quiero ayudar a los demás». Cada vez que pierdo a un ser querido o que oigo historias sobre la fortaleza que encuentran las personas en el momento de la pérdida, recuerdo por qué practico la filosofía del *chōwa* y por qué me esfuerzo para vivir en armonía con los que me rodean.

No rechaces el consuelo. Cuando perdemos a alguien, a veces olvidamos lo que es caminar entre los vivos. Para evitar el dolor, tanto a nosotros como a los demás, cerramos la puerta a esa parte de nosotros que controla cómo nos relacionamos con las personas de nuestro entorno. No hay una forma correcta o errónea de llorar la muerte de un ser querido, pero, cuando estemos preparados, tenemos que abrir las puertas a la amabilidad de los que nos rodean y compartir con ellos nuestro dolor. Ese es uno de los momentos más importantes del luto. Hablar sobre la muerte es una forma de aprender de esa experiencia tan dolorosa y de permitir que otros aprendan de ella. Cuando dejamos que nos consuelen, transmitimos unas enseñanzas muy valiosas. Igual que en la parábola de los dos peregrinos con la que empecé este libro, la parte más importante de vivir en armonía con los demás es abrirnos a su dolor y a su alegría.

Enseñanzas del *chōwa*: atesora cada encuentro

Busca un lugar tranquilo en el que sentarte y dedicar unos momentos a contemplar los siguientes *zengo*.

行 雲 流 水
kō-un-ryū-sui
«Las nubes pasan como el agua que fluye»,

和 敬 清 寂
wa kei sei jyaku
«Armonía, respeto, pureza, serenidad»,

小欲知足
shōyoku, chi-soku
«Deseo mínimo, satisfacción consciente»,

一期一会
ichi-go, ichi-e
«Una vez, un encuentro»,

Siguiendo el espíritu del *chōwa,* ¿por qué no compartes alguno de estos *zengo* con otra persona? Si reflexionar sobre estas ideas te ha ayudado a encontrar el equilibrio, quizá ayude a otros a encontrar su propia armonía.

Epílogo

あとがき
ato-gaki

«Fue en un mes sereno,
el aire limpio, la brisa suave,
las flores blancas del ciruelo despertaban
y el perfume de la orquídea impregnaba el aire
como incienso».
DE *MAN'YŌSHŪ*, LIBRO 5[61]

Cuando les conté a mis amigos y a mis alumnos en el Reino Unido que este año cumplía sesenta, aunque intentaban ser educados («Akemi-sensei, no aparentas sesenta años»), me miraban con el rostro serio, como si acabara de ocurrir una tragedia.

En cambio, cuando se lo dije a mis amigos japoneses, sus rostros se iluminaron. «¡Enhorabuena!», decían. En Japón, cumplir sesenta años es motivo de celebración. El calendario tradicional japonés sigue el mismo sistema astrológico que el calendario chino: se divide en doce signos (rata, buey, tigre, conejo, dragón, serpiente, caballo, cabra, mono, gallo, perro y cerdo). Mucha gente cree que, cuando has pasado por todos los signos del calendario cinco veces (es decir, cuando tienes sesenta años), vuelves a nacer. No es raro que las personas que cumplen sesenta se embarquen en una nueva profesión, que hagan una peregrinación o un viaje. En definitiva, que se reinventen.

Vivir según los principios del *chōwa* nos enseña que la búsqueda del equilibrio es un proceso activo. Consiste en realizar pequeños cambios para encontrar el equilibrio con nosotros mismos, con los demás y con la naturaleza.

Quizá sientas que no hay nada que esté en tus manos para evitar el envejecimiento. Un día empiezan a salirnos arrugas. Notamos dolores en sitios que nunca antes nos habían molestado. Nos preocupa lo que haremos con el resto de nuestra vida y lo que dejaremos atrás.

Pero tenemos que recordar que, con el paso de los años, también seguimos aprendiendo. *Aprendemos a aceptar la vida.* Este libro trata sobre lo que podemos hacer para llevar el equilibrio a cualquier parte, pero también sobre abrazar la armonía natural del mundo y aceptar las cosas tal y como son. Debemos aprovechar nuestra vida, y eso implica utilizar nuestra energía de manera económica. Cuanto más nos preocupemos por las pequeñas cosas, cuanto más nos enfademos por los asuntos más nimios, menos energía nos quedará para lo verdaderamente importante.

Hay una expresión en japonés que dice así: *shou-ga-nai* o *shikat-ta-ga-nai*. Significa «qué se le va a hacer».

No podemos cambiar la naturaleza. Cuando se produce un terremoto que causa la muerte de miles de personas, lloramos a los que hemos perdido. Y también suspiramos y decimos: *shou-ga-nai.* «No puede hacerse nada».

Es una lección difícil, pero el sufrimiento también forma parte de la vida. No nos queda más remedio que soportarlo, aceptarlo y aprender de él.

Aprendemos a no tener miedo. Cuando era una mujer joven y acudía a una reunión de negocios, a veces escuchaba a la gente, sobre todo a los hombres, murmurar «¿qué hace esa aquí?». Cuando me divorcié de mi primer marido e intentaba abrirme camino en el mundo, me pasaba mucho. Pero cuanto más me enfrentaba a este tipo de pruebas (que desafiaban mi existencia, mis opiniones, mi propia voz), más dura me volvía a la hora de enfrentarme a toda esa gente que hubiera preferido que mantuviera la cabeza gacha, me apartara y guardara silencio. Ahora, cuando me pongo de pie ante una habitación llena de gente con un kimono bastante más sobrio que los que llevaba en mi juventud, nadie me mira por encima del hombro. No. Me miran a los ojos y saben que he pasado por muchas cosas. Saben que no tengo que demostrar nada a nadie. Saben que no tengo nada que temer.

Aprendemos a estar más cerca los unos de los otros. El *chōwa* nos enseña que llevar el equilibrio a nuestras vidas, las de nuestra familia, a nuestras sociedades y al mundo natural requiere una búsqueda de la paz activa y una determinación consciente a la hora de prepararnos para descubrir cómo restaurar la armonía perdida. No debemos pensar en la armonía como en algo pasivo, porque es justo lo contrario. Para alcanzarla, tenemos que colaborar con los demás.

En japonés, el carácter para referirse a una persona se escribe así:

hito

A lo mejor te recuerda a una montaña o a una «v» invertida, pero solo significa «persona». Es muy simple. Dos líneas. Como un par de piernas. Estos dos trazos tan simples me evocan la esencia del *chōwa*.

Nadie está solo. Necesitamos a otras personas para que nos apoyen, para que nos ayuden a mantener el equilibrio. Dependemos los unos de los otros. La vida consiste en apreciar a esas personas, y para encontrar nuestro propio equilibrio debemos ayudarlas a encontrar el suyo.

Estoy escribiendo estas líneas en mi casa de Londres. Es un día de primavera, el primer día de la era Reiwa. Siempre que un nuevo emperador asciende al trono de Japón se elige un nombre nuevo para señalar el cambio de era. El nombre de Reiwa es una combinación de dos de los caracteres del poema con el que di comienzo a esta sección («Fue en un mes sereno...»). Al juntar esos dos caracteres se obtiene la palabra «Reiwa». Este nombre transmite un mensaje de esperanza. Nos hace pensar en la imagen de unas flores que se abren después de un largo invierno. Se traduciría como «la búsqueda de la armonía». El nombre de esta nueva era nos pide, igual que las enseñanzas que he intentado transmitirte, que no nos limitemos a esperar, a mantener o a preservar el *chōwa,* sino que lo busquemos de forma activa, que salgamos ahí fuera y encontremos nuestra propia armonía.

Es la primera vez desde hace más de doscientos años que un emperador japonés abdica. A mí se me antoja casi simbólico: un hombre mayor que renuncia al trono y le pide a su hijo que recoja el testigo. El emperador Naruhito y su mujer, la emperatriz Masako, pasaron un verano estudiando en Inglaterra, igual que su hija Aiko. Está claro que sienten afecto por este país al que hoy puedo llamar hogar. Eso me inspira a creer que el espíritu de la armonía continuará creciendo entre ambas partes de mi vida, a través de estos dos continentes, estas naciones, igual que espero que siga creciendo la armonía entre Japón y el mundo exterior.

En el momento en que escribo este libro, mi organización benéfica está a punto de entrar en una nueva fase en la que podremos ayudar a las víctimas del tsunami en su día a día, haciendo todo lo posible para fomentar el desarrollo de la región más afectada por la catástrofe. Además, seguiremos apoyando a aquellos jóvenes con los que empezamos a trabajar en 2011. Queremos que crezcan y que prosperen.

También falta muy poco, solo unos meses, para celebrar mi boda con Richard. Estamos muy ilusionados con la ceremonia, con la luna de miel en Boston y con el posterior peregrinaje por la ruta del Kumano Kodo, en lo más profundo de los bosques de Wakayama.

Si he escrito este libro, ha sido gracias a él. Cuantas más cosas le contaba sobre la cultura japonesa, más me animaba a que compartiera todo lo que había aprendido. «Tendrías que escribir sobre esto».

Igual que la suerte, el destino o el amor, somos nosotros quienes creamos nuestra propia armonía.

Agradecimientos

Me gustaría dar las gracias a mi magnífica agente, Laetitia Rutherford.

También a mi correctora de Headline Books, Anna Steadman, por toda su ayuda y su apoyo, y a todo el equipo de Headline.

Por último, quiero dar las gracias a mi marido, Richard Pennington, y a mi hija, Rimika Solloway, sin los que este libro nunca habría sido posible.

Fuentes

Chiba, Fumiko, *Kakebo: El arte japonés de ahorrar dinero,* Editorial Planeta, 2019.

Cliffe, Sheila, *The Social Life of Kimono: Japanese fashion past and present,* Bloomsbury, 2017.

Cummings, Alan, *Haiku: Love,* Overlook Press, 2014.

Dower, John W., *War without Mercy: Race and power in the Pacific war,* Pantheon Books, 1986.

Dower, John W., *Embracing Defeat: Japan in the wake of World War II,* W. W. Norton & Co, 1999.

Kempton, Beth, *Wabi Sabi: Sabiduría de Japón para una vida perfectamente imperfecta,* Ediciones Urano, 2019.

Kondo, Marie, *La magia del orden: Herramientas para ordenar tu casa... y tu vida,* Aguilar, 2015.

Lloyd Parry, Richard, *Ghosts of the Tsunami,* Jonathan Cape, 2017.

Nitobe, Inazō, *Bushido, el espíritu de Japón,* Dojo Ediciones, 2018.

Rebick, Marcus y Takenaka, Ayumi, *The Changing Japanese Family,* Routledge, 2006.

Rosenberger, Nancy R. (ed.), *Japanese Sense of Self,* Cambridge University Press, 1992.

Sasaki, Fumio, *Goodbye, Things: Cómo encontrar la felicidad con el arte de lo esencial,* Roca Editorial, 2017.

Shikubu, Murasaki (trad. Royall Tyler), *The Tale of Genji,* Penguin Classics, 2003.

Shōnagon, Sei, *El libro de la almohada,* Alianza Editorial, 2015.

Stanley-Baker, Joan, *Japanese Art,* Thames & Hudson LTD, 2014.

Tanizaki, Jun'ichirō (trad. Thomas Harper y Edward Seidensticker), *In Praise of Shadows,* Vintage Classics, 2001.

Tobin, Joseph, «Japanese pre-schools and the pedagogy of self-hood». En Nancy R. Rosenberger (ed.), *Japanese Sense of Self,* Cambridge University Press, 1999.

Tsunoda, Ryūsaku y Goodrich, L. Carrington, *Japan in the Chinese Dynastic Histories: Later Han through Ming dynasties,* P. D. y I. Perkins, 1951.

Zaraska, Marta, *Enganchados a la carne. Historia y ciencia de una obsesión de 2,5 millones de años,* Plaza y Valdés, 2019.

Fuentes en japonés

松尾 芭蕉, 芭蕉俳句全集, 全國書房, 1947.

Bashō, Matsuo, *Bashō haiku zenshū,* Zenkoku Shobō, 1947.

佐佐木 信綱,日本古典全書, 朝日新聞社, 1953.

Sasaki, Nobutsuna (ed.), *Nihon koten zensho,* Asahi Shimbunshya, 1953.

佐佐木 信綱, 西本願寺本萬葉集, 東京書房古典文庫, 1946.

Sasaki, Nobutsuna (ed.), *Nishi Honganji-bon Man'yōshū,* Tokyo Shobo Koten Bunko, 1946. En: http://jti.lib.virginia.edu/japanese/manyoshu/index.html.

聖徳太子, 十七條憲法, 604.

Shōtoku, Taishi, *Jūshichijō kenpō,* 604. En: https:// zh.wikisource.org/zh/十七條憲法. Texto en inglés disponible en: http://www.duhaime.org.

彦 笹間, 復元 江戸生活図鑑, 柏書房, 1995.

Sasama, Yoshihiko, *Fukugen edo seikatsu zukan,* Kashiwa Shobō, 1995.

石川英輔,大江戸えこらじー事情, 講談社, 2000.

Ishikawa, Eisuke, *O-edo ekoraji jijō,* Kodansha, 2000.

Películas

Akahama Rock'n Roll [documental], dir. Haruko Konishi, 2015.

My Fair Lady, dir. George Cukor, 1964.

Mononoke-hime (La princesa Mononoke), dir. Hayao Miyazaki, Japón, 1997.

Japan's Secret Shame, dir. Erica Jenkin con Shiori Ito, 2018.

Okuribito (Despedidas), dir. Yōjirō Takita, 2008.

Shichinin no samurai (Los siete samuráis), dir. Akira Kurosawa, 1954.

Notas

Todas las páginas web se consultaron el 1 de julio de 2019.

Introducción

1. Véase Nitobe, pág. 56, para leer el pasaje que ha inspirado esta parábola.

2. Muchas de las traducciones de la autora del japonés al inglés se han realizado con la ayuda de un diccionario electrónico, el Casio ExWord Dataplus 8, o bien mediante la web de código abierto https://jisho.org *(jisho* significa diccionario en japonés) o la aplicación para iPhone Japanese (versión 4.5), de Renzo inc.

3. El ascenso de un nuevo emperador al Trono del Crisantemo marca en Japón el inicio de una nueva era, y cada era recibe un nombre distinto. Ese nombre, igual que los años del calendario occidental, se emplea en los documentos oficiales, en los calendarios, las monedas y los billetes; por ejemplo, el año 2019 también se conoce en Japón como Reiwa 1.

4. Fuente: *New Japan era to be called "Reiwa", or pursuing harmony.* Mari Yamaguchi para Associated Press (2019). Accedido desde https://www.apnews.com/bfb2106efca04461a1dd17675a85f18f.

5. Traducción al inglés extraída de Tsunoda y Goodrich (1951) pág. 8-16.

6. La Constitución de los Diecisiete Artículos *(jūshichijō kenpō)* se escribió en chino clásico y, según las *Crónicas de Japón (Nihon Shoki),* su autor fue el príncipe Shōtoku en el año 604.

1. Abriendo puertas

7. El texto original en japonés de este haiku se ha extraído de *Los clásicos japoneses completos* (日本古典全書) (1953). La traducción al inglés es obra de la autora.

8. Si quieres saber más sobre la historia y la filosofía del *wabi-sabi,* te recomiendo leer Kempton (2018).

9. Tanizaki (2001), pág. 4.

10. Esta meditación se inspira en las enseñanzas a través de vídeos en internet de Taigen Shodo Harada Roshi, el abad del monasterio zen de Sogenji, en Okayama. Para ver un vídeo con subtítulos en español en el que hace una breve introducción a la meditación zen, visita el siguiente enlace: https://www.youtube.com/watch?-v=LL2XUTeoUsM.

11. Técnicamente, los paneles que dividen una habitación en distintas estancias se llaman *fusuma.* La función de las pantallas *shōji* en las casas tradicionales es similar a la de puertas y ventanas que dan al exterior; están hechas de un fino papel de arroz y tienen un diseño de líneas que forman una cuadrícula. En cambio, las pantallas *fusuma* están hechas de un papel más grueso y opaco, y se usan para crear separaciones dentro de una habitación o como puerta de algún armario.

12. Véase Kondo (2014).

13. Aunque honrar al «espíritu del retrete» es una creencia bastante extendida en Japón, se hizo aún más popular gracias a la canción de Kana Uemura titulada *Toilet no Kamisama* (El espíritu del retrete), que se lanzó el 14 de julio de 2010 bajo el sello King Records y fue compuesta por Kana Uemura y Hiroshi Yamada.

14. Existen varios artículos sobre las raíces sintoístas de Marie Kondo. Véase, por ejemplo, https://www.vix.com/es/vida-e-inspiracion/213012/marie-kondo-toca-los-libros-para-despertarlos-la-explicacion-yace-en-una-religion-japonesa.

2. Cumplir con nuestra parte

15. Para más información sobre *ji-bun* como «la parte propia» y sobre el sentido del yo dentro de la cultura japonesa, véase Rosenberger (1992).

3. El equilibrio dentro de la economía familiar

16. Esta es la página web de la revista femenina que publicó por primera vez el *kakebo*, y que hoy en día sigue teniendo bastante éxito: https://www.fujinnotomo.co.jp/other/kakebo (en japonés). En español también se han publicado varios *kakebo*, acompañados de instrucciones sobre cómo utilizarlos, entre ellos el de Chiba (2019).
17. Véase también https://www.bustle.com/p/what-is-kakebo-i-tried-the-japanese-budgeting-system-to-help-manage-my-finances-heres-what-happened-15909335, «Kakeibo, the art of saving», en: https://monininja.com/kakebo-art-saving/. Para consultar más artículos en español, véase «Yo usé Kakebo: cinco pros y contras del libro del ahorro», en: https://www.coinc.es/blog/noticia/yo-use-kakebo-cinco-pros-y-contras-del-libro-del-ahorro y «Kakebo: cómo aplicar el método japonés para ahorrar dinero», en: https://www.cronista.com/finanzasmercados/Kakebo-como-aplicar-el-metodo-popular-japones-para-ahorrar-dinero-20190328-0029.html.
18. Véase Sasaki (2017).

4. Encuentra tu propio estilo

19. Texto en japonés extraído de Bashō (1947). La traducción al inglés es obra de la autora.
20. Para más información, véase «The surprising history of kimono» (La sorprendente historia del kimono) en https://daily.jstor.org/the-surprising-history-of-the-kimono/ (en inglés) y Cliffe (2017) (en inglés).

21. Véase «The Global Impact of Japanese Fashion», con Patricia Mears, Miki Higasa y Masafumi Monden, moderada por Karin Oen, una ponencia que tuvo lugar en el Asian Art Museum el 21 de marzo de 2019, accesible en: https://www.youtube.com/watch?v=kBOeadfaIcw.

22. Si quieres saber más sobre el impacto de las estaciones en el diseño de los kimonos, puedes visitar la siguiente página web (en inglés): http://www.berberoostenbrug.com/kimono-seasons/. O esta otra, en español: https://www.sugoihunter.com/combinando-colores-kimono-japones/

23. Fuente: Stanley-Baker (2014).

24. Para leer más sobre la revista *Tsurotokame*, véase Grace Wang (marzo de 2018), «Tsurutokame is a fashion magazine for senior citizens in Japan», disponible en: https://www.stackmagazines.com/photography/tsurutokame-fashion-magazine-senior-citizens-japan/.

5. Escucha a los demás, conócete mejor

25. Para saber más sobre *mindfulness* y cómo ser más generosos con el mundo y con los demás, echa un vistazo a estas charlas (en inglés) de Chris Cullen: «Compassion (Part 1)», en https://vimeo.com/25622139; y «Compassion (Part 2)» en: https://vimeo.com/25642710.

6. Aprende a aprender y enseña a tus maestros

26. Véase Tobin (1999).

27. The Elderly Education in Japan, The International Longevity Center, Japón, 7 de junio de 2010. Véase http://www.ilcjapan.org/interchangeE/doc/overview_education_1007.pdf.

7. Lleva la armonía a tu vida laboral

28. Para más información sobre el *chōwa* en los negocios, véase «An ancient Japanese idea can teach 21st century business about harmonious partnerships» (en inglés), un artículo escrito por Hideki Omiya, presidente de Mitsubishi Heavy Industries (2018), para la revista *Quartz*, en: https://qz.com/1186023/chowa-an-ancient-japanese-idea-can-teach-21st-century-businesses-about-harmonious-partnerships/.

29. Si quieres saber más sobre el programa de calistenia de la emisora NHK, entra en https://www3.nhk.or.jp/nhkworld/en/tv/japanologyplus/program-20180904.html (en inglés). También puedes leer el siguiente artículo en español: «Los ejercicios matinales de Radio Taiso» (2014) en la web https://japonismo.com/blog/ejercicios-matinales-radio-taiso.

30. Fuente: Herman, Tamar (10 de enero de 2019), «Member of J-Pop girl group NGT48 apologizes for discussing assault» (en inglés), disponible en: https://www.billboard.com/articles/news/international/8493058/j-pop-girl-group-ngt48-apologizes-discussing-assault-yamaguchi-maho. Puedes ver la noticia en español en la página web de La Sexta, «Una cantante japonesa sufre una agresión y se disculpa ante sus fans por denunciarlo», en https://www.lasexta.com/noticias/sociedad/una-cantante-japonesa-sufre-una-agresion-y-se-disculpa-ante-sus-fans-por-denunciarlo-video_201901185c41b5360cf2ae0fe1393d23.html.

31. Visita la web oficial del movimiento #WeToo si quieres saber más: (en japonés): https://we-too.jp/.

32. Para apoyar a Shiori Ito y a otras personas que han pasado por experiencias similares, se ha creado el grupo Open the Black Box (Abre la Caja de Pandora). Puedes visitar su web en https://www.opentheblackbox.jp (en japonés y en inglés).

33. Véase Brasor, Philip (2018), «Japan struggles to overcome its groping problems» (en inglés), en *Japan Times,* accesible desde: https://www.japantimes.co.jp/news/2018/03/17/national/media-national/japan-struggles-overcome-groping-problem/. También puedes verlo en español: Martí, Paola (2014), «Tokio vuelve a declarar la

guerra a los acosadores en el tren» en https://www.lavanguardia.com/vida/20141128/54420808596/tokio-acosadores-tren.html.

34. Véase McCurry, Justin (2018) «Tokyo Medical School admits changing results to exclude women» (en inglés), disponible en: https://www.theguardian.com/world/2018/aug/08/tokyo-medical-school-admits-changing-results-to-exclude-women.

35. Fuente: https://www.aljazeera.com/indepth/opinion/japan-secret-shame-180726113617684.html (en inglés) Para consultar una fuente en español, véase «Japón, el país donde el consentimiento sexual no significa nada», en https://www.publico.es/internacional/japon-pais-consentimiento-sexual-no-significa.html.

36. La primera ministra de Nueva Zelanda apoyó el movimiento #WeToo. Véase el artículo «MeToo must become WeToo», publicado en *The Guardian* (en inglés): https://www.theguardian.com/politics/2018/sep/28/we-are-not-isolated-jacinda-arderns-maiden-speech-to-the-un-rebuts-trump.

8. No te limites a cambiar tu vida, cambia el mundo

37. Las últimas palabras del guerrero y poeta Ōta Dōkan (según *Bushidō*, de Nitobe, pág. 33).

38. Véase Dower (1986), pág. 198.

39. Para saber más sobre esta organización, visita su web oficial (en inglés): http://theburmacampaignsociety.org/.

40. Véase Lloyd Parry (2017) para más información sobre el terremoto y el tsunami.

41. Creé la fundación Aid For Japan (Ayuda para Japón) en 2011 para apoyar a los huérfanos del tsunami. Nuestro objetivo a corto plazo es ayudar a esos niños y a sus cuidadores para que reconstruyan sus vidas. A largo plazo, queremos velar por esos niños a través de una serie de iniciativas y programas de apoyo. Para más información, y si quieres saber cómo participar en estos proyectos, entra en http://www.aidforjapan.co.uk/.

9. La armonía y el equilibrio en la alimentación

42. Visita el siguiente enlace para leer por qué la UNESCO concedió al *washoku* el estatus de Patrimonio Mundial (en español): https://ich.unesco.org/es/RL/washoku-tradiciones-culinarias-de-los-japoneses-en-particular-para-festejar-el-ano-nuevo-00869?RL=00869.

43. Véase también (en inglés): https://www.cordonbleu.edu/news/how-to-balance-the-five-flavours/en.

44. La página web del restaurante es http://kikunoi.jp.

45. Véase también Risa Sekiguchi, «Te power of five» (en inglés), en: https://www.savoryjapan.com/learn/culture/power.of.five.html. Para leer más en español sobre el poder del cinco en la alimentación japonesa, véase el artículo del blog Con Dos Palillos «Shoku iku: El poder de una alimentación consciente», en: https://www.condospalillos.com/2018/01/27/shoku-iku-una-alimentacin-consciente.

46. Véase la página https://savorjapan.com/contents/more-to-savor/shojin-ryori-japans-sophisticated-buddhist-cuisine/ (en inglés) o «Shojin ryori, la comida de los monjes budistas» (en español), en https://www.japan-experience.es/para-saber/listos-para-los-palillos/shojin-ryori-la-comida-de-los-monjes-budistas.

47. Véase «How Japan went from being an almost entirely vegetarian country to a huge consumer of meat», extraído de Zaraska (2016), en https://www.businessinsider.com/how-japan-became-hooked-on-meat-2016-3?IR=T.

48. Véase Tatiana Gadda y Alexandros Gasparatos, «Tokyo drifts from seafood to meat eating» (en inglés), en: https://unu.edu/publications/articles/tokyo-drifts-from-seafood-to-meat-eating.html#info. Véase también Kristi Allen, «Why eating meat was banned in Japan for centuries» (en inglés), en: https://www.atlasobscura.com/articles/japan-meat-ban.

10. Vive en armonía con la naturaleza

49. De la película del Estudio Ghibli *La princesa Mononoke* (2000) (fragmento traducido de la versión inglesa).

50. Las ilustraciones de *Fukugen edo seikatsu zukan* (Kashiwa Shobo, 1995) han inspirado la descripción de esta escena del antiguo Edo.

51. Algunas estimaciones indican que, aunque las empresas tecnológicas son responsables del 1 % de las emisiones globales de CO_2 en 2007, se calcula que esa cifra superará el 14 % en el año 2040. Fuente: Lotfi Belkhir y Ahmed Elmeligi (2018), «Assessing ICT global emissions footprint: Trends to 2040 & recommendations», *Journal of Cleaner Production* 177, 448-463.

52. Véase el documental *Akahama Rock'n Roll*.

53. Si buscas inspiración, lee *El libro de la almohada*, de Sei Shonagon, un libro del año mil con las observaciones de una dama japonesa de la corte. Entre sus listas, incluye «cosas hermosas», «flores de los árboles» y «cosas odiosas».

54. Para saber más sobre el *sampō-yoshi* y lo que podemos aprender del periodo Edo y el Japón actual en cuanto a un estilo de vida más sostenible, véase Junko Edahiro (2017), «Toward a sustainable society —learning from Japan's Edo period and contributing from Asia to the world» (en inglés), en https://www.ishes.org/en/aboutus/biography/writings/2017/writings_id002388.html.

11. Compartir un amor duradero

55. Si quieres leer más haikus sobre el amor, recomiendo el libro de Alan Cumming *Haiku Love*, que contiene poemas desde el siglo XVII hasta nuestros días. Además, está ilustrado con preciosas imágenes de la colección de obras de arte japonesas del Museo Británico.

56. Como página web para citas, recomiendo Guardian Soulmates (en inglés), en: https://soulmates.theguardian.com/).

12. Atesora cada encuentro

57. Para saber más sobre todo lo relacionado con la ceremonia del té, visita la página web Chanoyu (en inglés) en http://www.chanoyu.com/WaKeiSeiJaku.html. Para leer sobre este arte centenario en español, consulta el artículo «Chanoyu, la ceremonia del té japonesa», en: https://www.elclubdelte.com/chanoyu-la-ceremonia-del-te-japonesa/.

58. Si quieres leer una explicación simplificada de cómo celebrar una ceremonia japonesa del té en tu propia casa, entra en la web «Tealogists» (en inglés), en: https://teaologists.co.uk/blogs/teaologists-health-habit-blog/how-to-run-a-japanese-tea-ceremony-at-home-the-steps.

59. Si te interesa saber más sobre los ritos funerarios de Japón y quieres una reflexión profunda pero a la vez divertida sobre el final de la vida, te recomiendo la película japonesa *Despedidas*.

60. Este fragmento, escrito por mi hija, Rimiko Solloway, ha sido editado y reproducido con su permiso. Encontrarás más cosas escritas por ella en su blog, en: http://alackthere.blogspot.com/search.

Epílogo

61. El texto japonés proviene de Nishi Honganji-bon, *Man'yōshū*, Libro 5. Encontrarás el texto en japonés en http://jti.lib.virginia.edu/japanese/manyoshu/index.html.

Índice onomástico

Akemi Tanaka desciende de una familia de samuráis que lucharon junto al famoso guerrero y poeta Ōta Dōkan en el siglo xv. Akemi creció en Japón, pero ahora vive en Londres junto a su marido, que es inglés. Akemi es una comunicadora cultural especializada en la cultura japonesa de gran prestigio y, a menudo, organiza visitas de estudio cultural en su país natal y realiza presentaciones en escuelas, universidades y centros culturales. Akemi también es la fundadora de la ONG Aid for Japan y recientemente ha recibido un premio otorgado por el Gobierno británico en reconocimiento a su trabajo benéfico para ayudar a los huérfanos que se vieron afectados por el tsunami que asoló el país en 2011. Además, es una experta de la ceremonia del té, un arte ancestral con una estrecha relación con el *mindfulness* y la gratitud.

Esperamos que haya disfrutado
de *Chōwa*, de Akemi Tanaka,
y le invitamos a visitarnos
en www.kitsunebooks.org,
donde encontrará más información
sobre nuestras publicaciones.

Recuerde que también puede seguir
a Kitsune Books en redes sociales
o suscribirse a nuestra newsletter.